# 終わらない「アグネス論争」

## 三人の息子をスタンフォード大に入れて思うこと

アグネス・チャン



潮新書
032

潮出版社

# 終わらない「アグネス論争」｜目次

## 第一章　「アグネス論争」が残したもの



## 第二章　幸せを感じられない日本の女性たち

## 第四章　子どもたちこそ社会の希望



## 第五章　「女性が輝く日本」への意識改革

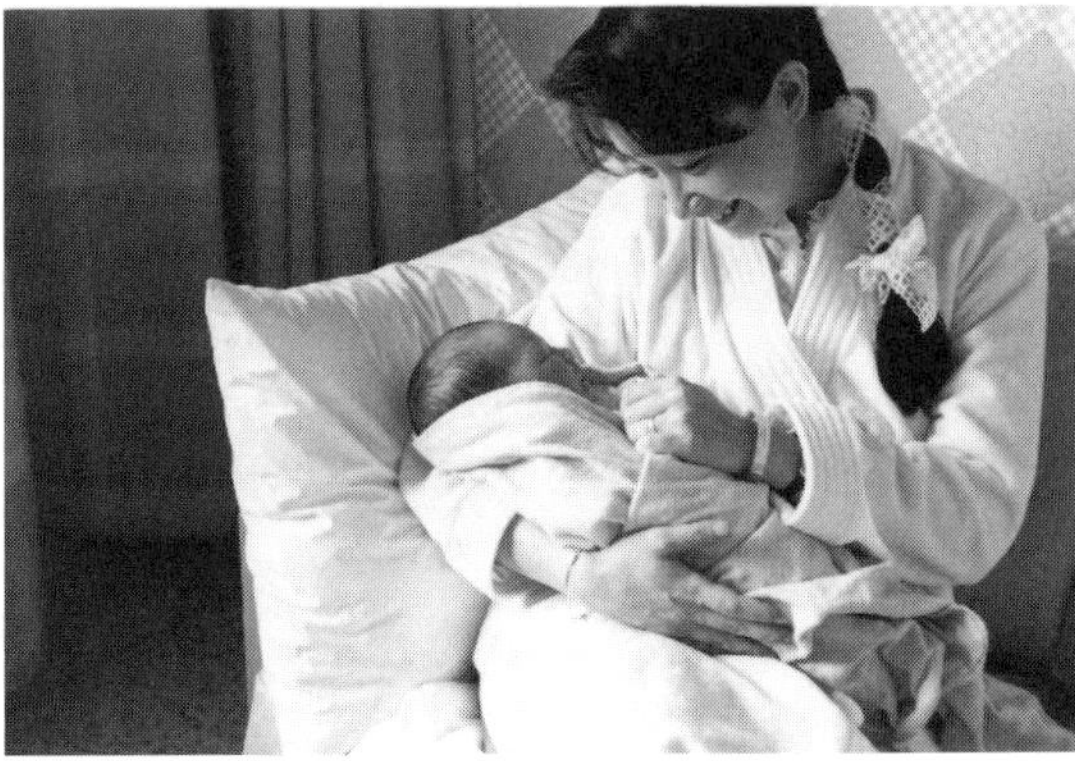

初めて抱くわが子。
愛おしさとうれしさで
胸がはち切れそうでした。

# 第一章

# 「アグネス論争」が残したもの

## アメリカで起きた、もう一つの「子連れ論争」

二〇一三年春のこと——。

私は、アメリカのシリコンバレー（米国IT企業の一大拠点）で働いている長男と、スタンフォード大学で学んでいた次男に会うため、パロアルトの街を訪れました。

パロアルトはカリフォルニア州サンフランシスコ・ベイエリアにある都市で、スタンフォード大学がある街としても知られています。

私は一九八九年から九二年にかけて、スタンフォード大学教育学部博士課程に学び、教育学博士号を取得しました。その留学に私を誘ってくれ、博士号をとるまで指導してくれた恩師が、マイラ・ストロバー博士です。

マイラ博士は労働経済学者で、現在はスタンフォード大学の名誉教授。留学を終えてからも、折にふれて連絡を取り合い、親しくさせていただいています。

博士はずっとスタンフォード大学近郊にお住まいなので、私はこの街を訪れる際には、必ずお会いするようにしています。このときも、息子たちと食事をする際、博士をお誘いしたのです。

お寿司屋さんの席につくなり、マイラ博士は私に、「ねえ、マリッサ・メイヤーって知ってる？」と聞きました。

「もちろん知ってますよ。ヤフーのＣＥＯ（最高経営責任者／現在は退任）でしょ？」

「そうそう。そのマリッサがね、昔のあなたと同じような状況になっているのよ」

「同じような状況って？」

「要するに、『子連れ論争』よ」

マリッサ・メイヤーは、当時まだ三十代の若さで、妊娠中に米ヤフーのＣＥＯに就任しました。グーグルの副社長だった彼女を、ヤフーが経営再建のためにヘッドハンティングしたのです。そして、マリッサは二〇一二年に出産以来、オフィスのそばに自分専用の託児所を私費で設けて「子連れ出勤」を始めました。育児休暇はとらず、仕事と子育てを両立させる道を選んだのです。

そのことが論争の的になったのは、出産から四カ月を経た二〇一三年二月。きっかけは、マリッサがヤフーの従業員に在宅勤務を禁じたことでした。

ヤフーはＩＴ企業ですから、パソコンさえあれば家でできる仕事も多く、男女とも在宅勤務が多かったのです。

マリッサは、「経営再建のためには全社員が一丸となって真剣に働かないといけない」と考え、あえて「在宅勤務禁止令」を出したのでしょう。

彼女はそれを出す前に、在宅勤務の社員たちのログイン（パソコンでネットワークに接続すること）状況も調べました。すると、勤務時間として指定されている時間帯にもログインしていない社員が多く、在宅勤務をいいことにサボっている様子が判明したのです。

「やはり社員たちが集って話し合わないと、よいアイデアも浮かばない」という判断もあったはずです。

でも、この「在宅勤務禁止令」が大きな波紋を呼ぶことになりました。子育て中の女性社員を中心に、アメリカ中からマリッサに対する批判と反発の声が上がったのです。

マリッサは巨額の年俸をもらっていましたから、自費で自分専用の託児所を作るというゼイタクもできます。でも、一般社員にそんなことができるはずがありません。

「自分だけ仕事と子育てを両立させて、社員にはさせないつもり？　アンタはいいわよねえ、お金があって」

——そんなふうにマリッサが嫉妬と反発を買うのも、無理のない面もあります。

マイラ博士はそのようないきさつを話してくれ、「あなた、このことどう思う？」と私に聞きました。

「CEOという立場なんだから、マリッサの判断は間違っていないと思います。彼女が子連れ出勤することで、ほかの社員に迷惑をかけているわけでもないし……」

「うーん、たしかにそうなんだけど、私はこの論争は、いろんな問題が複雑にからんでいると思う。たとえば、ワークライフバランス（仕事と生活の調和）の問題や、ジェンダー（社会的・文化的につくられる性別・性差）の問題ね。マリッサが男性だったら、こんなに大騒ぎにはなっていなかったでしょう。要は、あなたが二六年前に直面した『アグネス論争』で論じられたことが、いまだにアメリカでさえ解決されていないのよ」

そして、マイラ博士は思いがけないことを提案しました。

「七月にスタンフォード大学で、国際フェミニスト経済学会の年次総会が開かれる。あなた、そこで『アグネス論争から二六年』というテーマで、講演してくれない？　もちろん、マリッサについての論争とアグネス論争では違う点もあるから、単純に比較はできないけれど、似ているところも多い。だから、あなたの話はアメリカのフェミニストたちにも興味深く受け止められると思う」

私はちょっと戸惑いました。

講演なら、私は日本でしょっちゅうやっています。人前で話をすることには何の抵抗もありません。

ただ、「アグネス論争」が一段落してから、あの論争そのものをテーマに講演したことは、それまで一度もなかったのです。講演にかぎらず、インタビューや雑誌などへの寄稿でも、アグネス論争そのものをテーマにしたものはありませんでした。私の中にはいろいろな思いがあって、あの論争について語ることを自ら封印してきたのです。

ただ、マイラ博士は論争当時の私に「新しい人生をプレゼント」してくれた恩人です。彼女からの頼みを断るわけにはいきません。

「わかりました。講演させていただきます」

「ありがとう。ただ、ちゃんとした学会だから、講演するためには委員会の承諾を得ないといけない。論文を書いてもらって、その論文を委員会で認めてもらって初めて、講演する資格が得られるのよ」

「えっ？　いまから論文を書くんですか？」

「そうよ。まだ三カ月以上あるから、書けるでしょ？」

マイラ博士はこともなげにそう言うのでした。予想もしていなかった展開に、私は驚きました。

かつて私は、留学中のスタンフォード大学で、彼女の指導のもと、苦心して博士論文を書き上げたものです。その論文は、東京大学とスタンフォード大学の卒業生のその後を調査することを通じて、日米の高学歴者の男女間格差を比較・考察した内容でした。のちに単行本にもなっています(私とマイラ博士の共著『この道は丘へと続く』共同通信社刊)。

(かんたんに言えば、あれから四半世紀経ったいまの日本の女性たちの状況を、論文にするということね)

——そんなふうに考え、私は論文を書くことにしました。そして、その準備のために、日本の女性たちをめぐるさまざまな状況を調べ始めたのです。

## 「アグネス論争」を振り返る

マイラ博士から頼まれた講演と、その準備として書かなければいけない論文。そのために、私は久しぶりに日本の女性たちが置かれた現状について、調べ始めました。

「アグネス論争」が落ち着いてから、私の主な関心は、悲惨な状況に置かれた世界の子どもたちに向けられていました。

貧困や飢餓《きが》などで命の瀬戸際にある子どもたち。紛争地帯に生まれ、小さな体に重い銃を持たされ兵士にされる子どもたち。「児童ポルノ」や「児童買春」の餌食《えじき》となって、体や心に深い傷を負う子どもたち……。

そういう、苦しんでいる子どもたちの力になりたい。そうした問題に世界の人々の目を向けるお手伝いがしたい。そう思ってやってきました。「日本ユニセフ協会大使」を一九九八年から務めさせていただいているのも、そのためです。

つまり、私にとっては、世界の子どもたちのことが最優先事項でした。もちろん、働く女性の子育ての問題にも関心はありますが、優先順位はやや低かったのです。

でも、いまの日本の女性たちが直面する状況をくわしく調べ、それを論文にまとめる作業の中で、私の気持ちは変わっていきました。「もう一度、女性たちの問題に真正面から向き合わないといけない」と思うようになったのです。その理由の一つは、女性たちをめぐる日本社会のあり方が、「アグネス論争」のころとは大きく変わった、と気づいたことにあります。

＊

「アグネス論争」は、私の「子連れ出勤」が発端となって、一九八七年に起きました。といっても、オフィスへの出勤ではなく、仕事先のテレビ局に赤ちゃんだった長男を連れて行ったことが問題視されたのです。

これは当時、すごく誤解された点なのですが、子連れ出勤は私の個人的な事情から始まったことでした。「子連れ出勤が私のポリシー」というわけではなかったし、「働く女性の代表」のような顔をした覚えもありません。また、「女性たちよ、子連れで出勤しましょう」という運動を行ったわけでもないのです。

「個人的な事情」とは、第一に、長男は初めての子どもで、私にとっては不慣れな育児だったこと。第二に、母乳育児だったため、子どもをそばに置いておきたかったこと。第三に、私の親や姉などはみな香港に住んでいたため、子育てに関して親たちを頼れなかったこと。

そしてもう一つ、当時の私が一二本ものレギュラー、準レギュラー番組を抱えていて、長く育児休業しにくかったことが挙げられます。テレビ局側からは「できるだけ早く番組に復帰してほしい。局に赤ちゃんを連れてきてもいいから」と説得され、不安を感じながら復帰したのです。

ですから、そのことが問題視されるとは思ってもみませんでした。ところが、私の子連れ出勤が新聞や雑誌などで紹介されると、少しずつ、反発・批判の声が現れ始めたのです。

作家の林真理子さんやコラムニストの中野翠さんなどが急先鋒となって、「大人の世界に子どもを入れるな」「周囲の迷惑を考えていない」「プロとして甘えている」などという批判を浴びました。

そうした言葉の一つひとつに、私は傷つきました。マスコミで報じられたことの中には誤解も少なくありません。私は一度だけ、「アグネス・バッシングなんかに負けない」という反論を雑誌に寄せ（『中央公論』八七年十月号）、その中で誤解については説明しました。

でも、「アグネス論争」の中で、私自身がはっきりと論争の場に立ったのは、そのときくらいです。あとは私の手から離れて、アグネス批判派と擁護派の人がそれぞれいろいろな立場から論陣を張って、ほとんどすべてのマスコミを巻き込む大論争になっていきました。なにしろ、一九八七年春から始まった論争が、翌八八年まで延々と続いたのですから……。

応援してくださる方も多かったのですが、私としては、批判のほうが多いのではないかと気になりました。

働く母親の側からも、「私たちは職場に子どもを連れていけないのに、アグネスだけ特別扱いされていてずるい」と不満の声が上がりました。子どもを産まなかった年長の女性からは、「私は仕事のために子どもをがまんしたのに、不公平だ」という声が上がりました。また、男性側からは、面白おかしく論争をあおるような意見が目立ちました。

そんなとき、社会学者の上野千鶴子さんを筆頭としたフェミニストの女性たちが論争に加わり、様相が大きく変わりました。それまでは私個人をからかうような論調も多かったのですが、それを「女性と労働」をめぐる社会的論争へと、引き上げてくださったのです。

とくに、上野千鶴子さんが『朝日新聞』の「論壇」に寄せた「働く母が失ってきたもの」(一九八八年五月十六日付)という文章は、私にとって百万の味方を得たような気持ちになるものでした。その中で、上野さんは次のように書いておられます。

「アグネスさんが世に示して見せたのは、『働く母親』の背後には子どもがいること、子どもはほっておいては育たないこと、その子どもをみる人がだれもいなければ、連れ歩いてでも面倒をみるほかない、さし迫った必要に『ふつうの女たち』がせまられていることである。

いったい男たちが『子連れ出勤』せずにすんでいるのは、だれのおかげであろうか。男たちも『働く父親』である。いったん父子家庭になれば、彼らもただちに女たちと同じ状況に追いこまれる。働く父親も働く母親も、あたかも子どもがないかのように職業人の顔でやりすごす。その背後で、子育てがタダではすまないことを、アグネスさんの『子連れ出勤』は目に見えるものにしてくれた」

私は「日本の社会を変えよう」と思って子連れ出勤をしたわけではありません。でも、上野さんが書かれたように、私の投げた小石が広げた大きな波紋は、いままで大っぴらに論じられず蓋をされてきた「働く女性の子育て」問題の、蓋をこじ開ける作用を果たしました。そしてそのことは国会でも論じられ、男女とも取得できる「育児休業法」の成立(一九九一年)などの育児支援にもつながっていったのです。

「アグネス論争」の渦中ではつらい思いもしました。でも、論争が結果的に日本社会を「働く女性に優しい社会」に変えるきっかけとなったのなら、そのことは喜ばしいと感じました。

## スタンフォードで学んだ充実の日々

「アグネス論争」は、私個人にとっても人生の大きな転機となりました。というのも、論争がアメリカの『TIME』誌に取り上げられた（一九八八年十月十日号）ことで、その記事を読んだマイラ・ストロバー博士が私をスタンフォード大学に招いてくださったから。博士と私を結ぶ「縁」にもなったのです。

労働経済学者でフェミニストでもあるマイラ博士は、二十代前半でお子さんを産み、大学教員として仕事と子育ての両立に苦労した経験をお持ちでした。そのことは、彼女が「家庭と労働」の問題を生涯の研究テーマとするきっかけとなったのです。

マイラ博士には、私の姿が若き日の彼女自身と二重映しになって見えたのでしょう。だからこそ、私に強い興味を抱いたのだと思います。

私は、仕事もあるから難しいと思い、最初はことわろうと考えました。でも、事務所の社長でもあった夫が「スタンフォードの博士課程で学ぶチャンスなんて、もう二度とないかもしれない。思いきって挑戦してみれば？」と言ってくれて、それで決意したのです。

でも、芸能活動を一時中断し、「さあ、もうすぐスタンフォードに出発だ」となった時期に、なんと、妊娠していることに気づきました。いまはもう社会人になっている次男が、私のお腹の中にいたのです。

(困ったなあ。これでは留学は無理だわ)

そう思って、すぐにマイラ博士に電話をかけました。

「先生、今年は留学できなくなりました」

私が言うと、受話器の向こうのマイラ博士はしばらく黙って、そして、「あなた、妊娠でもしたの？」と言うではありませんか。

「えっ？　先生、どうしてわかるんですか？」

「そういう言いわけをする人が多いのよ。あなたも子どもを言いわけに使うの？　子どもが大きくなったとき、『ママはあなたのために大学をあきらめたのよ』って、その子に言える？」

赤ちゃんを育てながら大学で教鞭《きょうべん》をとった彼女ならではの、強烈な一言でした。

そして、マイラ博士は次のように言葉を続けたのです。

「スタンフォード大学は学内の保育施設も充実しているし、子育てしながら博士号をとろうとしている女子学生もいる。キャンパスで乳母車を押している学生もよく見かける。だいじょうぶだから、安心していらっしゃい」

その一言で、行かないわけにはいかなくなってしまいました。

そして一九八九年、まだ二歳の長男を連れ、大きなお腹を抱えてスタンフォード大学に入学し、マイラ博士のもとで学び始めたのです。

博士は私に「あなたは絶対に博士号をとらなきゃ」と言い続けました。彼女は「芸能人だからこそ、博士号をとるべきだ」と言うのです。

「ただでさえ、女性は男性より軽く見られる。そのうえあなたは芸能人だから、二重に軽く見られる。でも、スタンフォードで博士号をとったら、周囲の人たちはもう少しあなたの言葉に重みを感じるようになるでしょう。学位や肩書には、そういう力がある。それは、男性よりも不利な立場に置かれている女性に、男性と対等に闘える力を与えてくれるものなの」

働く女性の問題をずっと真剣に考えてきた、マイラ博士らしい言葉でした。その言葉に背中を押され、私は二人の子どもを抱えながら、懸命に学んでいったのです。

それは、大変だったけれど、とても充実した楽しい日々でした。十代からずっと芸能人として睡眠時間も削って働いてきた私にとって、留学生活は神様が与えてくださったごほうびだった気がします。

そして、スタンフォードで学んだ日々は、私を大きく成長させてくれました。たとえば、アグネス論争の渦中では、私はまだ仕事と子育ての両立についての自分の意見を、感情論でしか語れませんでした。でも、マイラ博士のもとで学ぶうち、仕事と育児の問題を社会的観点から、広い視野のもとに語れるようになったのです。

そもそも、アグネス論争と、その後のマイラ博士との出会いがなかったら、博士号をとるなどということを私は考えもしなかったでしょう。その意味では、当時、アグネス論争で私を批判した人々にも、むしろ感謝をしたいくらいです。

## 政府も「女性が輝く日本」に本腰

いま、アグネス論争から三二年がたち、女性と子育てをめぐる日本の社会状況は大きく変わりました。

その変化はさまざまな面に表れています。たとえば、「企業内保育所」の整備が進んだことです。論争当時、私は「働く女性が子どもを産みやすい環境づくり」の柱として、「企業内保育所」を増やしてほしいと主張しました。当時はまだ、保育所・託児施設をもった企業など、ほとんどなかったのです。

でもいまは、大企業中心ではありますが、企業内に社員が子どもを預けられる保育所をもつ企業が、全国で五六〇〇社以上もあります（厚生労働省「平成二十九年度 認可外保育施設の現況取りまとめ」による）。しかも、前年度と比べて八六〇施設も増えており、企業内保育所が急増傾向にあることがわかります。

また、現在の政権は、二〇一二年の第二次安倍晋三内閣誕生以来、一貫して「女性が輝く日本」というテーマを「成長戦略」の一つに掲げています。いわゆる「アベノミクス」の柱の一つが、「待機児童の解消」「職場復帰・再就職の支援」「女性役員・管理職の増加」といった、女性の活躍を促す政策だったのです。

そのように政府の姿勢が大きく変わった背景には、いうまでもなく、日本の少子化問題があります。

日本の「合計特殊出生率」（一人の女性が一生に産む子どもの平均数）は、二〇一八年で一・四二。過去最悪だった二〇〇五年の一・二六に比べれば改善されたものの、とても低い数値です。いまの人口を維持するのに必要な合計特殊出生率は、先進国の場合で二・〇八とされているので、日本はまったく足りません。

いまは、人口に占める十五歳未満の割合が、一二・三%にまで下がっています。これは一九七五年から四四年連続の減少で、過去最低です（二〇一八年度国勢調査、人口推計による）。

「団塊の世代」を生んだ「第一次ベビーブーム」期（一九四七～四九年）には、赤ちゃんが年に二五〇万人以上も生まれました。また、「団塊ジュニア」を生んだ「第二次ベビーブーム」期（一九七一～七四年）にも、やはり年に二〇〇万人以上が生まれました。

それに対し、二〇一八年に生まれた赤ちゃんは九一万八三九七人で、三年連続で一〇〇万人を割りました。「二〇六〇年の出生数は、年間五〇万人を割るのではないか」と予測されています。

逆に、高齢化は急速に進んでいきます。若者が少なくなり、働く人が少なくなり、税金を払う人も少なくなる。しかも、日本は保守的な移民政策をとっているので、大量に移民を受け入れて労働人口の減少をカバーすることもできません。

日本の繁栄を維持するためには、女性たちがもっと子どもを産み、育てやすい社会に変えていくしかないのです。ほかの選択肢はもうありません。それがよくわかっているからこそ、安倍政権も成長戦略の中心に「女性が輝く日本」を据えてきたわけです。

## 「働く女性の子育て」をめぐる変化

そのような「政治の変化」とは別に、日本社会の大きな変化として、「人々が働く女性の子育てに向ける視線の変化」もあります。昔に比べて、子育てをする女性を優しく見守ってくれたり、共感して応援してくれたりする人が増えたと感じるのです。

その変化は、世論調査などのデータにもはっきりと表れています。

たとえば、内閣府の「女性の活躍推進に関する世論調査」によれば、「子どもができても働き続けるほうがよい」と考える人は、一九九二年に二三・四％だったものが、二〇一四年の調査では四四・八％に増えています。

反対に、「子どもができたら仕事をやめ、大きくなってから再び仕事を持つ方がよい」と考える人の割合は、一九九二年に四二・七％だったものが、二〇一四年には三一・五％

にまで下がっています。アグネス論争のころには多数派だった人たちが、いまでは少数派なのです。

二〇一三年に、『週刊現代』が、産休・育児休業を真っ向から否定し、「出産したらお辞めなさい」と主張する女性作家の記事を載せ、論争を巻き起こしました。職場における妊婦や出産女性に対する嫌がらせを「マタハラ（マタニティ・ハラスメント）」といいますが、この記事自体がマタハラ的でした。

でも、「アグネス論争」のころとは、世間の受け止め方が違いました。今回は、マタハラ的記事に共感する声のほうが明らかに少数派だったのです。

いまは少子化が大きな問題になっていることを、誰もが知っています。少子高齢化で働き手がどんどん減っていくなかにあって、子どもを産んだ女性もまた、大切な働き手の一人なのです。

そんな時代に、「女は産んだら会社を辞めるべきだ」などと言っていること自体、もうナンセンスです。子どもを産みたい女性や、産んだあとも働きたい女性は、もはや「攻撃対象」にはなりません。逆に、社会全体で応援し、守っていくべき対象となったのです。

「働くか、それとも働くのをやめて子育てするか」の二者択一しかない、といまだに考えている人たちが、マタハラに走るのかもしれません。でも、もうそういう選択の問題ではなく、「働きながら子育てをする」ことは、これからの日本にとってあたりまえのことなのです。少なくとも、子どもを持ちたいと考えている人にとっては……。

もうそういう時代になっているということに、マタハラをしている人たちは気づくべきでしょう。

## 「アグネス論争のころはごめんなさい」と言ってくれた人

私は、日本の芸能界で初めてテレビ局に子連れ出勤した女性タレントでした。だからこそ、私の行動は横紙破りに見え、周囲の反発も呼んだのでしょう。

でもいまでは、同じように子連れ出勤をしているママさんタレントが少なくありません。たとえば、三船美佳さんやMEGUMI（めぐみ）さんがそうです。

また、神田うのさんも、イベントやラジオのレギュラー番組の収録などに子連れで行った様子をオフィシャルブログに綴《つづ》って、話題になりました。

テレビの仕事でご一緒した初対面の若いタレントさんから、突然「アグネスさんのおかげで、いまは子連れでもお仕事がしやすくなりました。ありがとうございます」と言われ、驚いたこともあります。

そのように、ママさんタレントが子連れ出勤しても、それがマスコミで騒がれないような時代になりました。

そして、私にとって忘れられない出来事となったのは、ニュースキャスターでジャーナリストの安藤優子さんとの出会いでした。

二〇〇八年に集英社の『Marisol（マリソル）』という女性誌で対談をさせていただいたとき、安藤さんは開口一番、「今日は、まずお詫びをさせてください」と言われました。キョトンとする私に、彼女は続けてこう言ったのです。

「アグネスさんにお目にかかったら、まずお詫びしたいとずっと思っていたんです。というのも、いわゆる『アグネス論争』のとき、私はアグネスさんに批判的な立場をとっていたからです。

でも、いま思うと、私のように働いている女性こそ、アグネスさんに共感して応援すべきだったんじゃないかと……。女性が働く意味も社会背景も、いまとはずいぶん違いますが、ずっとそれが心の中にひっかかっていたんです」

アグネス論争のころ赤ちゃんだった私の長男が、この対談のときには二十一歳になっていました。つまり、二〇年も前のことを、安藤さんはずっと心にとどめていて、わざわざお詫びしてくださったのです。その誠実さに、深く胸を打たれました。

安藤さんは対談の中で、こんなふうにも言ってくださいました。

「あのときは私を含めていろんな人が、ちゃんとしたことがわかってないのに、いろんなことを言ったと思うんです。でも、アグネスさんのように時代を切り開いた人がいるから、職場に託児所ができたり、仕事と育児の両立があたりまえになってきたわけで」

私にとって、これほどうれしい言葉はありません。論争当時、私に批判的だった方の評価であるからこそ、また、ジャーナリストとして社会の動きを最前線で見つめてきた女性の言葉だからこそ、うれしさもひとしおでした。

大げさなようですが、安藤さんのこの一言に、私は「救われた」思いがしたものです。「ああ、アグネス論争にはちゃんと意味があったんだ。私がつらい思いをしただけの出来事ではなかった」と感じられたのです。

そのように、三〇年を超える年月の間に、時代は変わり、社会は変わり、人は変わったのです。

## 三二年前と変わらないこともある

いま、「働く女性」は前よりも明らかに増えています。女性管理職の割合も、少しずつではありますが、高くなっています。また、「イクメン」（育児を積極的に行う男性）という言葉が流行するくらいですから、子育てや家事に積極的な男性が増えているのもたしかでしょう。

三二年前の日本には、「働きたいけれど、主人が働きに出るのを許してくれない」という理由で専業主婦となった人も多かったと思います。

その点は大きく改善されてきていて、むしろ最近は共働きを望む男性が増えています。経済状況がよくないという背景もあるのでしょうが、「仕事をもっていきいきと働いている女性のほうが魅力的だ」と考える男性が増えているのだと思います。

そうしたよい変化がある一方、国際社会からの評価では、日本は相変わらず「女性未活用大国」です。つまり、「女性の力が社会の中であまり活かされていない国」と見なされているのです。

たとえば、「ダボス会議」で知られる「世界経済フォーラム」が毎年発表している「世界男女格差指数（ジェンダー・ギャップ指数）」というものがあります。これで見ると、二〇一八年、日本は調査対象となった一四九カ国の中で第一一〇位です。もちろん先進国では最低水準で、開発途上国にさえ負けています。

日本の男女格差がそれほど大きく、女性の社会進出が遅れているのはなぜでしょうか。大きな要因として、女性が政治や経済の中で「意思決定」に参加できる割合が低いということがあります。

一例を挙げれば、国会議員に女性が占める比率が、日本は著しく低いのです。世界全体の女性国会議員比率は、一九九五年に一一・三%だったものが、二〇一九年一月時点では二四・三%にまで上昇しています。そのなかにあって、日本の女性国会議員比率（衆院）は一〇・二%で、一九三カ国中一六五位です。日本はいまだ、四半世紀前（九五年）の平均レベルにすら達していないのです。

安倍政権はアベノミクスの一環として、上場企業に女性役員・管理職を増やすことを求めてきました。もちろんそれも大事なことではありますが、その前にまず、足元の女性議員を増やすことに尽力し、範を示してほしいところです。

## もう一度、女性たちのために闘いたい

マイラ博士に頼まれた論文を書き上げ、無事に審査も通って、私は二〇一三年七月、スタンフォード大学の国際フェミニスト経済学会の年次総会で講演を行いました。

講演では、アグネス論争について振り返ったほか、いまの日本女性たちが置かれた状況についても話しました。私にとっては、初めて公の場でアグネス論争について語った機会となりました。

講演後、マイラ博士は「すごくよかったよ」とほめてくれたあとで、こんなことを言いました。

「アグネス論争から四半世紀がすぎても、日本の女性たちをめぐる状況は、まだまだだね。今日の講演でそのことがよくわかった。もっと改善していかないといけない。あなたも、そのために、これからがんばるべきよ」

この言葉に、ずしりと重みを感じました。

論争からの長い間、私はアグネス論争について語ることを封印してきました。

でも、じつはほんの少しだけ後悔していたのです。もしも、あのとき私がもっと積極的に発言していたら、日本の女性たちの状況はもう少し早くよい方向に変わっていたかもしれない……そんなふうに思っていたのです。

私自身は、三人の息子を育ててきて、いま長男と次男は社会人、三男は大学院生になっています。子育てについては、そのすべてが私の幸福の源であり、一片の後悔もありません。子育てしながらずっと仕事を続けてきたことも、私の人生を素晴らしく充実させてくれました。

だからこそ、子どもをもつことに躊躇《ちゅうちょ》している日本の女性たちの背中を押してあげたい。「働きながら子育てするのって、苦労もあるけど、すごく楽しいわよ」と励ましていく側に立つべき時期がきたのかもしれない。——マイラ博士の言葉から、私はそんなふうに考えを進めたのです。

私はアグネス論争の当事者でした。だから、働きながら子育てをする日本の女性たちに対して、何らかの責任を負っているとも思うのです。働く女性の子育てについて、少しでも状況が改善されるように行動することが、私なりの責任の果たし方だと、いまは思います。

幸い、いまの安倍政権は国を挙げて「働く女性の子育て」を応援しようとしています。いまはビッグチャンスなのです。「時代の追い風」が吹いています。その風を止めずに、女性たちがみんなで声を上げ、少しでも日本の社会をよくしないといけない。それなら、私も一緒に声を上げていきたい――そう考えたことが、「アグネス論争をもう一度語ろう」と考えた最大の理由です。

## 「二人のヒロイン」が背中を押してくれた

もう一つ、私の背中を押してくれたのは、アメリカの二人の「働く母親」の存在です。一人は、この章の冒頭でも触れた、元ヤフーCEOのマリッサ・メイヤー。もう一人は、SNS（ソーシャルネットワーキングサービス）大手、フェイスブックのCOO（最高執行責任者）、シェリル・サンドバーグです。

二人とも、シリコンバレーという最先端の場所から生まれた、時代を象徴するヒロインです。また、二人とも非常に優秀で美しく、子育てと仕事を両立させています。若い女性たちにとっては憧れの的であり、生き方のロールモデル（お手本となる存在）なのです。

シェリル・サンドバーグは『ＬＥＡＮ　ＩＮ（リーン・イン）』という著書を持っていて、全世界で一五〇万部を超える大ベストセラーになりました。邦訳（『ＬＥＡＮ　ＩＮ――女性、仕事、リーダーへの意欲』）も出ていて、日本でもベストセラーになりました。シェリルはフェミニストとして知られ、著書の内容もまさに世の女性たちを励まそうとする内容です。そういう本が、「フェミニストの本は売れない」と言われるなかにあって、例外的にベストセラーとなったわけです。

私は、マリッサとシェリルは、日本の女性にとっても、これからのロールモデルになっていくべきだと思います。というのも、これまでの日本では、彼女たちのようにビジネス社会で大きな成功を収めるためには、母親であることを捨てなければならなかったからです。「ビジネス社会で成功したいなら、産むな。産みたいなら、ビジネス社会での成功はあきらめろ」という二者択一だったのです。

でも、マリッサとシェリルは、母親であることと全米屈指のビジネスウーマンであることを、見事に両立させています。

マリッサの子連れ出勤をめぐって論争が起きたように、一部で反発や非難があるものの、二人を応援している人もたくさんいます。そして、二人とも批判されてもまったく動じず、ビジネス面でも大きな成果を上げてきました。

そういう二人のヒロインが、シリコンバレーという世界最先端の場所から出てきたという点も、象徴的です。いまの米国社会を牽引しているＩＴ企業から、新しい女性の生き方を示すヒロインが登場してきたのですから……。

マリッサとシェリルには、「自分が新しい女性の生き方を示すんだ」というはっきりとした自覚も感じられます。とくに、女性たちにエールを送るシェリルの著書からは、そうした自負が強く見て取れるのです。

もちろん、私自身は、マリッサやシェリルのようなスーパーウーマンではありません。もう若くもありません。それでも、二人のがんばりにはとても勇気づけられました。「私も私なりに、子育てしながら働く日本の女性たちを励ますことを、あらゆる機会を見つけてやっていこう」と思えたのです。

わが子の手を握って
反戦をうったえる。
平和への願いを
次の世代へ。

一九九一年
スタンフォード大学の校内で、
イラク攻撃に反対する
反戦集会に長男と参加。

恩師のマイラ博士は
勉学の重要さ、
前向きでいることの大切さ、
生きることの素晴らしさを
教えてくれました。

# 第二章

# 幸せを感じられない日本の女性たち

## 豊かで安全な国なのに、幸福度が低い日本

日本は女性に限らず、「幸福度ランキング」で順位の低い国として知られています。

たとえば、国連の関連団体が「国際幸福デー」（三月二十日）に毎年発表している「世界幸福度ランキング」では、二〇一九年で一五六カ国中五八位。しかも、同調査では、二〇一五年に日本は四六位、一八年には五四位であり、少しずつランクを下げている傾向が見られます。

また、イギリスのシンクタンク「ニュー・エコノミクス財団」が発表している「地球幸福度指数」（The Happy Planet Index）でも、二〇一六年度の調査で日本は一四〇カ国中五八位でした。この調査でも、日本は一二年度の四五位から後退しています。

こうした傾向はいまに始まったことではなく、以前から指摘されています。たとえば、イギリス・レスター大学の社会心理学者エイドリアン・ホワイトによって二〇〇六年に作成された「世界幸福地図」では、日本は一七八カ国中九〇位でした。

さまざまな「幸福度ランキング」において、日本は先進国とは思えないほどの低いラン

クに甘んじています。

いうまでもなく、日本は経済的には世界屈指の豊かな国であり、治安の面でも世界屈指の安全な国です。また、幸福の大きな要素である長寿においても、日本は世界最高レベルです。本来なら、もっと国民が幸福を感じ、「幸福度ランキング」で上位になってよい国のはずです。にもかかわらず、日本の幸福度がとても低いことは、世界でも「謎」とされています。

なぜ、日本には幸福を感じられない人が多いのでしょう?

## 日本女性は「役を演じすぎて」苦しい

「日本に幸せを感じる女性が少ない理由」として、まず挙げたいのは、日本人の「ロール・パーフェクト(role perfect)」な側面です。

つまり、ある「役割(ロール)」を演ずることにかけて、日本人は「完璧(パーフェクト)」だということです。これは、海外の心理学者たちが日本人の特徴を論ずるときに、よく言われることです。

わかりやすい例を挙げてみましょう。

日本ではバーなどの飲み屋さんで、子育て中の女性が一人でお酒を飲んでいる姿を見かけるでしょうか？　ほとんど見ないはずです。それは女性たちが、「小さな子どもをもつ母親・妻」という役柄を完璧に演じているからです。

最近では若いお母さんたちだけの飲み会も増えているようですが、いまでも一人だけではなかなか飲みに行きにくいはずです。

「子育て中の奥さん」は、一人でバーに行ってお酒を飲んだりすべきではない――日本にはそういう規範を強《し》いる「世間の目」があります。規範から外れた行動をとることは自制しなければならないのです。

人前ではつねに「自分に割り当てられた役柄」を完璧に演ずることを求められるのが、日本社会です。「女性教師とはこういう人」「妻とはこういう人」「独身ＯＬとはこういう人」「管理職の女性とはこういう人」――その人が持っている肩書に合わせて、役柄が暗黙のうちに決められています。「そこから逸脱してはいけない」という見えない圧力が、社会の隅々にまで張り巡らされているのです。

そして、もし与えられた役柄と自分のパーソナリティーが違ったとしても、その人は

「自分に合わない役柄」をずっと演じ続けなければなりません。「ほんとうの自分」をさらけ出したら、周囲に受け入れてもらえないからです。

私は小学校から大学まで、さまざまな教育機関で話をする機会があります。そうした経験を通じて感じるのは、「日本人は中学生くらいから、もう役割を演じている」ということです。

思春期から「ロール・パーフェクト」を強いられてきた日本女性は、社会に出て肩書が増えれば増えるほど、肩書に則《そく》した役割を演じ分けなければなりません。

ここでいう「肩書」とは、役職名に限りません。「○○家の嫁」・「○○さんの奥さん」・「○○ちゃんのお母さん」などという立場も、一種の「肩書」です。もちろん、女性が会社で働いていれば、会社での肩書も増えていきます。

そのような「肩書」が増えるほど、やってはいけないことも増え、自らがんじがらめになります。そしてその分だけ、「ほんとうの自分」をさらけ出せなくなるのです。これでは、毎日が息苦しくて幸福を感じられないのも無理はないと思います。

「それは日本に限らず、どんな国でもあたりまえのことなのでは？」と思う人がいるかもしれません。でも、これほど厳しく社会から「ロール・パーフェクト」を求められる国は、ほとんどないと思います。

たとえば、現在六十四歳の私は、日本でほかのお母さん方と一緒に出かけるときには、あえて地味な服を選びます。「いい年をしてあんな格好をして」と思われてしまうのが怖いからです。

でも、一人で買い物に出かけるときには、ホットパンツでも出かけられます。つまり、ほかのお母さんと一緒のときには、私も「お母さん」という役割を演じているわけです。

一方、アメリカにいるときなら、ほかのお母さんと一緒でも、平気でホットパンツで出かけます。「年齢による役割」から自由だからです。

アメリカのお母さん方は、いくつになっても派手な服を着るし、太っていてもタイトな服を着ます。自分にそれが似合っていると思えば、平気なのです。

私の恩師であるマイラ博士は七十代後半ですが、いつも鮮やかな色合いの服をさっそうと着こなしています。「おばあちゃんは、おばあちゃんらしい服装をしなければいけない」という無言の圧力が、米国社会にはほとんどないからでしょう。

服装のことは、ほんの一例です。化粧の仕方からヘアスタイルまで、日本の女性たちは役割に応じた決め事をつねに意識しているように見えます。

もちろん、社会にはさまざまなルールがあって、それを守っていかなければいけないのはあたりまえのことです。でも、古い因習に縛《しば》られたルールは、女性たちを縛る見えない鎖となります。社会に張り巡らされた「ロール・パーフェクト」を求める圧力が、日本女性を息苦しくしているのです。

## 「人生の結論を遅らせる」ことを選ぶ女性たち

日本女性の晩婚化と晩産化（子どもを産む年齢が遅くなること）に、歯止めがかかりません。

一九五〇年には、母親が第一子を産んだ平均出産年齢は二四・四歳でした。それに対して、二〇一六年の第一子出産平均年齢は三〇・七歳。過去六十数年間で六歳以上、晩産化が進んでいるのです。

女性の平均初婚年齢も、一九八〇年に二五・二歳だったものが、二〇一六年には二九・四歳に上昇しています（以上、平成三十年度版『少子化社会対策白書』内閣府）。

女性たちはなぜ、晩婚・晩産を選択するのでしょう？　その理由の一つとして、女性が企業の中で「出世コース」に乗りにくいことが挙げられます。

日本の企業で、「係長」（相当職／以下同じ）以上に女性が占める割合は、一三・五％。「課長」以上は一一・八％。「部長」以上となるとたった六・七％しかいません。

これでも、ここ数年で女性管理職の割合は少しずつ高まっているのですが、まだこの程度（厚生労働省「平成三十年度　雇用均等基本調査」）。いまだに、日本では「女性は男性より昇進しにくい」のです。

昇進しにくいことは、当然、賃金の格差に直結します。

男性の賃金を一〇〇とした場合の女性の賃金を見ると、格差が最も小さい二十代前半（つまり、新卒入社に近い時期）こそ九七・一％と、ほとんど差がありません。

ところが、賃金上昇がピークを迎える五十代になると、女性は男性の六三・五％しか賃金を得ていません（厚生労働省「平成三十年度　賃金構造基本統計調査」）。勤続年数を重ねるごとに、男女の賃金格差が開いていく傾向があるのです。

これでは、女性たちが働き続けるモチベーションを保つことは、なかなか難しいでしょう。

時代の大きな節目となった「男女雇用機会均等法」の施行は、一九八六年、「アグネス論争」が起きる前年のことです。そもそも、アグネス論争が起きた背景の一つにも、均等法施行による時代の変化がありました。

それから三〇年以上がすぎ、職場における男女平等は、法制度の面ではほぼ整ったといえるでしょう。しかし実際には、女性への賃金差別や、女性がなかなか昇進できない不利な状況は、さまざまな形で残っています。

そこで女性たちが選んだ道が、「遅く結婚し、遅く出産すること」でした。そうすることによって人生の結論を先延ばしにし、「自分が自由に楽しめる時間」をできるだけ延ばそうとする――それが晩婚化・少子化の理由の一つなのです。

女性の場合も、いままでは給与が五十代前半まで上がるので（上昇カーブは男性より緩やかですが）、結婚を先延ばしすればするほど、独身生活は豊かになっていきます。

一方、結婚して専業主婦になったら、よほど経済力のある男性と結婚しない限り、独身時代よりも切り詰めた生活を強いられます。また、高齢になればなるほど出産もハイリスクになります。

こうして女性たちが人生の結論を先延ばしすればするほど、結婚に対するハードルは高くなり、子どもの数は減っていくのです。そのため、収入などの好条件に恵まれた一部の男性以外は、もはや結婚することすら難しい時代になってきました。

そのようなことも、日本女性が幸せを感じにくい要因の一つだと思います。

## 母子家庭を苦しめる経済格差

女性の貧困の問題も、ますます深刻です。

日本の子どもの貧困率（所得が国民の平均値の半分以下の世帯に育つ子どもの割合）はもともと高かったのですが、二〇一五年時点で一三・九％と、いまや「子どもの七人に一人が貧困状態にある」と推定されています。それでも、「子どもの六人に一人が貧困」と言われた二〇一二年の数値（一六・三％）よりは、やや改善したのです。

また、「相対的貧困率」（可処分所得が、国民一人あたりの中央値の半分以下になる人の割合）は、二〇一五年で一五・六％。ＯＥＣＤ（経済協力開発機構）に加盟する先進国三四カ国の平均一一・四％に比べて、かなり高くなっています。先進国で日本より貧困率が高いのは、アメリカ（一六・八％）だけです。

豊かなはずの日本で、なぜ、それほど子どもの貧困が深刻なのでしょう。その最大の要因は、母子家庭の多くが厳しい状況に置かれていることなのです。

貧困問題のスペシャリストである首都大学東京教授の阿部彩さんは、著書『子どもの貧困――日本の不公平を考える』（岩波新書）で次のように指摘しています。

「日本の母子世帯の状況は、国際的にみても非常に特異である。その特異性を、一文にまとめるのであれば、『母親の就労率が非常に高いのにもかかわらず、経済状況が厳しく、政府や子どもの父親からの援助も少ない』ということができる」

つまり、「母親が働けないから貧しい」のではなく、「働いても貧しい」のがいまの日本なのです。

厚生労働省が二〇一六年に行った「全国ひとり親世帯等調査」によれば、「平均年間就労収入」（母または父が仕事で得た収入）は、母子のみの家庭が二〇〇万円なのに対して、父子のみの家庭は三九八万円と、じつに二倍近い格差があります。母子世帯が貧困に陥《おちい》りやすいこのような状況は、「貧困の女性化」とも呼ばれています。

母子家庭に対するケアが乏しいことは、日本の少子化が止まらない要因の一つにもなっています。

北欧やフランスの場合は、子育てに対する社会的支えが豊かなので、女性一人でも十分に子育てができます。子どもを三人産めばその分だけ手当も増えるので、悠々と子育てができるのです。

とくにフランスは、少子化対策として子を産む女性を対象とした優遇政策を充実させ、そのことで少子化を克服した国として知られています。一九九八年ごろから出生率が上昇し、一時は合計特殊出生率が二・〇三にまで上がったのです。いまの日本の合計特殊出生率が一・四二なので、その高さがわかります。

近年、フランスでも出生率が減少傾向にありますが、それでもなお、二〇一七年で一・八八と、依然として高い値を示しています。そして、そのうちの約六割が「婚外子」――結婚していない親からの出生でした。つまり、日本とは対照的に、シングルマザーとなることの負い目のようなものが社会の中にほとんどなく、そのことが出生率の高さの一つの要因になっているのです。

ただし、その背景には制度上の違いもあります。フランスでは、結婚ではないけれど法律で公式に認められたカップル関係である「PACS（パックス）」という制度がありま す。日本語にすると「民事連帯契約」となるもので、関係を終わらせる際の手続きが離婚より簡単な、「内縁以上、結婚未満」のパートナーシップです。一九九九年に始まった制度です。

この「PACS」契約のカップルから生まれた子どもは、統計上は「婚外子」として扱われます。フランスにシングルマザーが多い一因がここにあって、日本のシングルマザーと同列に論じることはできません。

ただ、間違いなく言えることは、日本よりもフランスのほうがシングルマザーに対する国の支援は手厚いということ。そしてもう一つ、フランスには日本とは違って、「子どもは正式に結婚したカップルから生まれるべきもの」とする偏見が、ほとんどないということです。

日本の少子化対策がいまのところ功を奏さず、フランスの少子化対策が目に見える効果を上げた――この違いから導き出される答えは一つ。少子化対策に関しては、フランスのやり方のほうが正しいのです。それは、子育て中の女性に対する支援を手厚くすることと、「シングルマザーで子育て、素晴らしいじゃないですか」という社会の空気をつくり上げるということです。日本もその方向に歩を進めるべきです。

結婚していようがしていまいが、また、結婚・離婚をくり返していたとしても、子どもを産み、育てている女性は全員、とことん社会が応援すべきなのです。

しかし日本では、母子家庭は多くの場合、貧困状態に置き去りにされています。そのため、女性たちには「男性の収入に頼らなければ貧困になってしまう」という無意識の恐怖があるのです。

そして、シングルマザーに対する偏見は、少しずつ薄れてはいますが、いまなお日本社会に根強くあります。これでは、とても安心して子どもを産むことはできません。

## 増える児童虐待

「男性に頼らなければ生きていけない」という女性たちの恐怖心は、児童虐待《ぎゃくたい》の問題とも密接な関係があります。

頻発する児童虐待事件の中身を見てみると、虐待で多いのは母親によるものですが、虐待致死に限れば同居している男性によるものが多いのです。しかも、母親より年下の男性が加害者となるケースが目立ちます。

母子家庭では母親が働かないといけませんが、外に働きに出ている間、誰かが子どもの面倒を見なければなりません。そこで、対等な男性より、ちょっと若い男の子に頼るわけです。

でも、精神的に未熟で実の父親でもない若い男性は、子どもの面倒をうまくみることができず、つい虐待に走る。でも、母親はその若い男を失いたくないから、虐待を止められず、ときには自分も加わってしまう……。

昨今の児童虐待致死事件には、そのようなパターンのものが多く見られます。日本の福祉体制がフランス並みに「母子家庭を守る」ものになっていたなら、虐待致死の何割かは防げたかもしれません。

そして、児童虐待はしばしば「世代間連鎖」します。

虐待が起きるような貧困家庭では、子どもは十分な食事を与えられないことが多く、その結果、授業中の集中力も続かなくなります。すると成績も下がり、不登校にもなりがちで、高校を中退してしまったりする。その結果、よい就職先もなく、貧困の連鎖に陥り、やがて子どもを持てば「虐待の連鎖」にも陥りがちなのです。

母子家庭への手厚い支援は、少子化対策になるだけではなく、児童虐待対策にもなるのです。

# 幼児遺棄事件に見る、母たちの孤立

子どもをめぐる痛ましい事件が後を絶たない昨今ですが、中でも私が大きな衝撃を受けたのは、二〇一三年に埼玉県富士見市で起きた幼児遺棄《いき》事件でした。

二十代前半の若いシングルマザーが、インターネット上の「ベビーシッター紹介サービス」に依頼して二人の子どもを預けたところ、そのうちの二歳男児が遺体で発見されたという事件です。ベビーシッターの若い男が、死体遺棄・保護責任者遺棄致傷罪の容疑で逮捕されました。

しかも、ネット上では、被害者である当のお母さんを非難する声も多く見られました。「ネットで探した見知らぬベビーシッターに子どもを預けるなんて、母親として思慮がなさすぎる」というような非難です。

私は報道を通じてしかこのお母さんのことを知りません。でも、彼女を責めるのは筋違いだし、酷だと思います。

報道によれば、彼女は生活保護を受けており、夫とは別居していて、貧困から脱しようと二人の子を預けて働きに出ていたそうです。近所の飲食店で週二日、夜八時から深夜一二時まで働いており、その間ベビーシッターに預けていたのです。

容疑者のベビーシッターの保育料は、相場から見て破格に安いものでした。だからこそ、貧困に苦しむ彼女は、そこに預けることを選ばざるを得なかったのです。

「ベビーシッター幼児遺棄事件」が示したのは、「日本の若いお母さんには、子育てを助け合うネットワークが乏しい」という現実だと思います。

アメリカにも、公的保育施設は、それほどたくさんあるわけではありません。でも、そのかわり、女性たちの助け合いのネットワークは発達しています。

留学時代の、忘れられない思い出があります。それは、卒業試験の最中の出来事でした。

大学でできた友人の一人が、「おいしい栗があるから、子どもたちと一緒に焼いて食べようよ」と連絡してきました。私は「悪いけど、いま試験勉強中で、それどころじゃないの」と言ったのですが、彼女はまるで意に介しません。

そして、火鉢を抱えて部屋にやってきた彼女は、こう言ったのです。

「アグネス、あなたは勉強して。その間私は、息子さんたちと一緒に栗を食べているから……」

それから四時間くらい、彼女はまだ小さかった私の息子たちの面倒を見てくれました。そのおかげで、私は試験の準備ができたのです。

「ああ、友達になるってこういうことなんだ。子育てって支え合うものなんだ」と、私は感動しました。

「ベビーシッター幼児遺棄事件」のお母さんには、悲しいかな、そのような友達がいなかったのでしょう。あの事件は、世の若い母親たちが追いつめられていること、孤立して子育てしていることを浮き彫りにしたと思います。

そして、被害者であるお母さんを非難する言葉がネット上にあふれたことは、いまの日本が「子どもを産んだら、子育てすべてが母親の責任になってしまう社会」であることを、はっきりと示しています。

## 出産後はフルタイムで働きにくい

日本の女性たちは、家事・育児についても、男性よりずっと大きな負担を強いられています。

厚生労働省が二〇一九年九月に発表した「全国家庭動向調査」によれば、いまなお、家事分担割合は妻が八三・二%、夫が一六・八%です。しかもこれは全体の平均値であり、妻の側がフルタイムで働いている世代でも、九・九%の世帯はすべての家事を妻にまかせています。「家事の八割以上を妻にまかせている世帯」にまで広げれば、妻が常勤している世帯の約六割にのぼります。

これほど女性にばかり家事を押し付けている国は、先進国では珍しいでしょう。

ただし、日本の男性たちの名誉のためにつけ加えると、男性が家事を分担する率は、近年、少しずつ高くなってはいます。二〇〇八年には、男性の家事分担率は一四・五%だったのです。一〇年余で二・三%の上昇であり、好ましい傾向と言えるでしょう。日本社会は少しずつよい方向に進んではいるのです。

＊

過大な家事・育児負担とともに、出産後の仕事継続の難しさが、いまなお日本の女性にとって大きな壁となっています。

内閣府「仕事と生活の調和(ワーク・ライフ・バランス)レポート」の二〇一八年版に

よれば、仕事を持つ女性のうち、第一子を産んだあとに仕事を続ける女性は五三・一%しかいません。つまり、四六・九%の女性は、第一子出産を機に離職してしまうのです。

それでも、これは近年に大きく改善されてきた数字です。つい数年前まで、第一子出産後の就業継続率は三割前後で推移していたのです。

第二次安倍政権発足（二〇一二年）からの六年間で、女性の就業者数は約二八八万人増加しました。二十五歳から四十四歳までの女性の就業率は、二〇一二年に六七・七%であったものが、一八年には七六・五%まで上昇したのです。

とはいえ、出産後に離職せざるを得なくなる女性はいまだに多く、これには制度のみならず、育休後に退職を勧められる女性が多いなど、いわゆる「マタハラ（マタニティ・ハラスメント）」の問題も深くからんでいます。

女性の就業率が高まれば、育児と仕事の両立に悩む女性も、必然的に増えるものです。出産後に離職を選択する女性は、第二子、第三子と子どもが増えるにつれ、高まっていきます。同じレポートによれば、第二子出産後に二一・九%、第三子出産後には二〇・九%の女性が、退職を選択しているのです。

「子どもを産んでからも仕事を続けやすい環境」の整備は、まだ道半ばといえるでしょう。

## 生活のために離婚を選んだ女性

「私、子どもたちのために離婚するかもしれません」

三人の子どもを抱えてパートタイムで働く私の知人が、あるとき思いつめた表情でそう言いました。

「何があったの？」

夫の浮気？　それとも家庭内暴力？　離婚の原因というと、まずそんなことが思い浮かびます。でも、彼女の話は私の想像を超えるものでした。

彼女の夫が失業して、生活に窮《きゅう》してしまったのです。それで、彼女は三人の子どもを育てるために離婚を決心しました。というのも、まだ「子ども手当」もない時代のことで、シングルマザーでないと受けられない手当があったからです。彼女は子育てのためにその手当を受け取りたいというだけの理由で、離婚を決めたのです。

日本の厳しい経済状況のなか、彼女のような事例は増えていると聞きます。ほんとうにギリギリの線上で生活していて、母親がパートタイム労働をやめたら子どもが修学旅行にも行けない、部活動に必要な運動靴も買えないという家庭です。そういう家庭では、夫がリストラに遭うなどしたら、それだけでもう暮らしが成り立たなくなります。

それでは、「子どもを三人産む」なんて気持ちにはとてもなれません。

一組の夫婦が子どもを三人産んで初めて、人口は増加に向かいます。その意味では、シングルマザーとなって三人の子どもを育てている彼女は、少子化の進む日本では「希望の星」のような存在です。国が全面的に子育てをバックアップするべきでしょう。

生活保護制度はそういうときのためにあるのですが、生活保護の受給はやはり心理的ハードルが高い。だからこそ、抵抗なく受け取れる「子ども手当」の拡充が望まれるのです。

子どもを三人以上産めて、その後に夫が亡くなったり、働けなくなったりしても、女性一人で子どもを育てられるような社会保障――それがあれば、少子化は一気に解決に向かうのですが……。

私は、少子化が進んでいるということは、「日本の子どもたちが十分に守られていない証拠」だと考えています。

女性たちは、「子育ては楽しい」と思えば子どもを産むし、「子育ては苦しい」と思えば産みません。子育てに、楽しいことも苦しいこともあるのは当然です。でも、いまの日本は残念ながら、子育ての楽しさより、苦しさのほうがはるかに強く感じられてしまう社会なのでしょう。

少子化は、「私たちは、この国では子どもを産み育てたくありません。だから、もっと子どもが守られる国にしてください」という、女性たちの無言のメッセージなのです。

スタンフォード大学の
博士号を取得するまでの苦労は
家族や友人の笑顔で
すべて報われました。
為せば成る。
自分を信じることから始まる。

# 第三章

# 女性たちを囲む「見えない檻」

## 「ヤマトナデシコ像」の呪縛

世界にはまだ、女性の人権がまったく認められていないひどい国もあります。たとえば、イスラム圏やアフリカにあるいくつかの国――。

女性の人権状況は国によってかなり差がありますが、ひどい国はほんとうに信じられないくらいひどいのです。女性は父親や夫の所有物のように扱われ、裁判を起こす権利もなければ財産権もなく、運転免許も持てなければ、銀行口座すら開けない。そんな国が、二十一世紀のいまも存在します。

そうした国に比べたら、日本の女性たちの人権状況は百倍ましでしょう。

でも、私には、日本の女性たちが、まだ「見えない檻《おり》」に閉じ込められているように見えます。真の自由を謳歌《おうか》しているとはとても思えないのです。

*

「ヤマトナデシコ（大和撫子）」という言葉があります。日本女性に対するほめ言葉です。

「ヤマト」は日本の異名で、「ナデシコ」は花の名前。清少納言の『枕草子』に「草の花はなでしこ」という一節があって、ひっそりと野に咲く可憐なナデシコの花は、昔から日本女性の魅力を象徴すると言われてきました。『源氏物語』にも『万葉集』にも、ナデシコは登場します。

私は、古くからある「ヤマトナデシコ」という理想像が、ロールモデルとなって、日本の女性たちを「見えない檻」に閉じ込めてきた面があると考えています。

「『ヤマトナデシコ』なんてもう死語じゃないの？　若い人たちは、女子サッカーの『なでしこジャパン』のことしか連想しないでしょう」と思う人がいるかもしれません。

たしかに、いまどきのお母さんが小さい娘さんに、「ヤマトナデシコを目指しなさい」と言い聞かせて育てるようなことはないでしょう。でも、「ヤマトナデシコ」という言葉がめったに使われなくなったいまも、その言葉が象徴する理想像は、やっぱり日本の女性たちを縛《しば》っていると思うのです。

たとえば、「ヤマトナデシコ」という言葉から、あなたはどんな女性像をイメージするでしょうか？

可憐で、繊細で、控えめで、上品で、物静かで、色白で、細身で、清潔で、芯は強くて、つねに男性を立ててくれて、母性が強くて……。そんなふうに、ステレオタイプ（紋切り型）に美化された女性像が、たちまち思い浮かぶはずです。

もちろん、そうした女性像が悪いわけではありません。問題は、古いヤマトナデシコ像が「たった一つの正解・理想像」になってしまっていること――。そこにあてはまらない女性たちは「日本女性の理想から外れている」とみなされてしまうことです。

たとえば、人前で大声で話す日本女性、和服が似合わない日本女性、控えめではない日本女性がいてもいいはずです。それはその人の個性の一部なのですから……。でも、「ヤマトナデシコという理想像からは外れるから」と、そういう個性は日本ではマイナス評価を受けがちです。

いまなお、女性たちは昔ながらの「ヤマトナデシコ像」を求める視線に囲まれています。だから、女性たちも無意識のうちにその視線を意識して、自分の行動に縛りをかけてしまうのです。

たとえば、普通の会社で働くＯＬは、服装や化粧、話し方など、すべての面でヤマトナデシコ的な基準に縛られていて、その基準からはみ出さないように行動するものです。

自分がほんとうは薔薇やヒマワリであったとしても、会社の中ではナデシコのふりをする……身を守るための変装のようなものです。

もちろん、ヤマトナデシコ的基準に縛られず、自由奔放に行動する女性も中にはいるでしょう。でも、いまの日本社会の中では、そうした女性は浮いてしまい、「変わり者」と見られがちです。

## 一つの型にはめようとする文化的暴力

私は、女性たちを一つの型にはめようとする日本社会の空気は、ある意味で「文化的暴力」だと感じています。

ノルウェーの世界的平和学者ヨハン・ガルトゥングは、「構造的暴力」という概念を提唱しました。かんたんに言えば、「人を殺したり殴《なぐ》ったりする直接の暴力だけが暴力なのではない。貧困や飢餓《きが》や差別なども暴力の一つの形であり、それは『構造的暴力』なのだ」という考え方です。

女性に対する暴力もそれと同じで、DV（家庭内暴力）のような直接的・肉体的暴力だけが暴力ではありません。それ以外に、目に見えない「文化的暴力」があるのです。

「女性は男性より劣っている」という偏見や、「女性はこうでなければならない」という決めつけは、まさに「文化的暴力」と言えるでしょう。別の言葉で言えば「人の頭の中で起きている暴力」です。

男女平等を保障する制度や法律は、もちろん大事です。でも、それだけでは不十分で、「人の頭の中で起きている暴力」をなくしていかなければ、真の男女平等は実現できません。だからこそ、女性を一つの型にはめ込もうとする古いヤマトナデシコ像からは、もうそろそろ卒業しないといけません。

そもそも、「ナデシコ」というのは一つの花ではありません。それは、約三〇〇種類もある「ナデシコ属」の花の総称なのです。

日本国内にも、地域によっていろいろなナデシコが自生しています。また、日本だけではなく、南米にも北米にも、ユーラシアにも中東にも、色も形も多彩なナデシコの花があるのです。

それと同じで、女性に対する理想像も、一つでなくてよいはずです。いろいろなヤマトナデシコがいていい。控えめでなく積極的でアグレッシブなナデシコがいてもいい。大柄で日焼けした、男勝りの豪快なナデシコがいてもいい。それぞれに価値があるのです。

たった一つの、固定化された古いヤマトナデシコ像に縛られるのは、もうやめましょう。これからは、ヤマトナデシコ像を多様化することが大事なのです。

## 無意識の偏見

私は、スタンフォード大学に留学中に、自分が無意識の差別感情に染まっていることに気付かされ、ハッとしたことがあります。それは、教育学博士号を目指すために必修となっていた、人権に関する授業での出来事です。

「いまからパネルディスカッションをやります。何か人権的に問題があったら指摘してください」

そう言われて、教授が進行役を務め、学生たちのパネルディスカッションが始まりました。終わったあとで、「何か問題点がありましたか？」と聞かれ、私が「べつに何もありません」と答えたら、大笑いされました。

そして、次のように言われたのです。

「いまのディスカッションでは、進行役の教師が黒人の女の子をほとんど指名せず、しかも指名した際に、彼女の発言を途中で打ち切りました。つまり彼女は、女性であり黒人であることによって差別を受けたわけです。あなた方は教育者になろうとしているのだから、教えるときには絶対にこのような無意識の差別をしてはいけないのです」

私は、言われてみて、初めてそのことに気付きました。米国社会で生まれ育った学生たちは、言われる前にその問題点に気づいていたようです。

その授業が終わり、「休憩タイム」になり、コーヒーとドーナッツが配られました。それを食べていると、突然、教授が、「はい。いまは何か問題点がありましたか？」と聞くのです。私は「いいえ、とくにありません」と答えました。すると、教授がこう言ったのです。

「先ほど、私は女子生徒だけに『コーヒーとドーナッツを配ってください』とお願いしましたね。男子生徒もいるのだから、女子だけに押し付けるのは間違っています。それが問題だったのです」

十代からずっと、「女性がお茶の用意をするのはあたりまえ」の日本社会で生きてきた私には、その問題点が見えなかったのです。無意識の偏見が自分の中にもある。そのことに気付かされた授業でした。

## 見えない檻

日本の教育も、昔に比べたら少しずつ男女平等への配慮がなされるようになってきました。

たとえば、昔は教科書のさし絵で料理をつくっているのは、決まってお母さんでした。「家でごはんの用意をするのはお母さんの役割。お父さんはつくらなくていい」という無言のメッセージが子どもたちに伝えられていたのです。

それがいまでは、お父さんが料理をつくっているさし絵を入れる教科書も登場してきました。これはよい変化だと思います。

最近テレビで流れるCMを見ていると、料理がらみの商品や洗剤などのCMでは、男性が起用されることが増えました。それは、「掃除・洗濯や料理は女性の役割」という固定観念を変えようとしているのであれば、喜ばしい動きです。

しかし固定観念がなかなか変わっていかない理由が一つあります。それは日本が高齢社会であるからです。

いまの高齢者層は、「男子厨房《ちゅうぼう》に入らず」という昔ながらの教育を受けた人たちです。家庭で男性が料理や掃除などをすることに、まだ強い抵抗を感じています。

二〇一八年に、日本はついに六十五歳以上の高齢者層が人口の二八・一%を占めることになりました。「国民の四人に一人が高齢者」（二五%）の時代をすでに超え、「三人に一人」（三三・三%）の時代に向かっているのです。

ということは、「男性が家事をすることに抵抗を感じる」世代のほうが多いのです。その結果、どうしてもその人たちの声のほうが、世の中の動きに反映されやすい。マスコミは何よりもまず高齢者層の意見に配慮しなければならないのです。

でも、いまの十代・二十代は、男性が家事をすることに抵抗を感じない人のほうが多数派でしょう。だから、「料理や家事は女の役割」という固定観念も、少しずつ崩されていくことでしょう。私たちはその「崩されていく流れ」を少しでも早めるように、声を上げていく必要があるのです。

## 「百恵・聖子・アグネス」の三類型

三二年前のアグネス論争当時には、山口百恵さんと、松田聖子さん、そして私、アグネス・チャンという三人が、「女の生き方」の三類型として、比較して論じられることがよくありました。

山口百恵さんは、結婚と同時に芸能界を完全に引退し、あとは主婦業・母親業に専念されています。

松田聖子さんは、結婚、出産、離婚を経て、いまも芸能界で活躍されています。娘さんはもう成人していますが、子育ての間、母親であることをほとんど表に出さず、歌手・芸能人としての華やかな顔だけを表面に出して生きてこられた方だと言えるでしょう。ともに一つの時代を代表する歌手である百恵さんと聖子さんの生き方は、正反対なのです。

そして私は、そのどちらにもあてはまらない「もう一つの生き方」の典型例として挙げられました。つまり、母親であることを表に出しているけれど、同時に芸能人でもあり続けている、というケースです。

三人のうち、当時世間で賞賛されたのは百恵さんの生き方でした。なぜなら、昔ながらのヤマトナデシコ的女性像にぴったり合っていたからです。華やかな芸能界からきっぱりと去り、夫と子どものために尽くし、地道に家庭を守る生き方――それはまさに日本古来の「良妻賢母」そのものだったのです。

一方で、聖子さんはその奔放な生き方を批判されることが多かったですし、私はアグネス論争に巻き込まれることになりました。

あれから四半世紀を経て、いま私が思うのは、「三人の生き方に、優劣をつけるべきではない」ということです。私は、百恵さんも聖子さんも、それぞれ自分の信念をつらぬいた見事な生き方をしてこられたと思います。私も私なりに、誰にもうしろ指を指されることなく生きてきたという自負があります。

一つの「正解」に当てはめるのではなく、それぞれ女性が自分らしく輝けることこそが大切です。「自分らしい生き方を自由に選択できること」が、豊かな社会の証なのですから。でも、当時はまだ、女性の多様な生き方が許される時代ではなかったのです。

もともと、女性の生き方を色分けして、「ナデシコの花のようなピンクだけが正しい。赤や紫は間違っている」などと評価するほうがおかしいでしょう。

それは、芸能界に限った話ではありません。金子みすずの詩「私と小鳥と鈴と」の有名な一節「みんなちがって、みんないい。」は、人間の多様な生き方を、お互いに許容しようというものです。

女性の生き方に、「たった一つの正解」などありません。どの生き方も「正解」なのです。

これまで日本では、古いヤマトナデシコ像が「たった一つの正解」だと考えられていて、ほとんどの女性はその基準に沿って評価されてきました。その像から外れた個性をもつ女性は、「ほんとうの自分」を抑えて生きることを強《し》いられてきたのです。

女性の多様な生き方が受け入れられ、「みんなちがって、みんないい。」と思われる社会になれば、多くの女性たちがその苦しみから解放されます。

結婚したい人は結婚し、専業主婦になりたい人はなり、産みたい人は産む。産んでも仕事を続けたい人は続ける。逆に、結婚しない生き方をしたい人はして、シングルマザーになりたい人はなる。

女性たちが自分の生き方を自由に選べて、その中で最大限に自分の可能性を伸ばせる社会——。そんな社会になってこそ、女性たちは、ほんとうの幸せを感じられるはずです。

各種幸福度ランキングで上位に入っている国は、じつはそういう多様な受け皿が女性に対して用意されている国なのです。

## 男と女の「スペクトラム(連続体)」

私がスタンフォード大学で男女学を学んだときのことです。

そのいちばん最初のクラスが、「宇宙人の視点で地球を見てみましょう」という思考実験の授業でした。

「地球人って、なんて愚かなんだろう。人間というものを真ん中から真っ二つに分けて、男と女の二種類しかいないと考えているよ」

「宇宙人」に扮《ふん》した教授のそんなつぶやきから、思考実験は始まります。

ではなぜ、人間を「男と女」という基準で真っ二つに分けることが「愚か」なのでしょう？　それは、世の中には「一〇〇%の男性」も「一〇〇%の女性」も一人もいないからです。

どんなに男らしい人にも、心の中に女性的な部分があります。逆に、どんなに女らしい人にも、心の中に男性的な部分があります。

色合いが少しずつ変わっていく「スペクトラム（連続体）分布図」というものがありますね。あれと同じで、人間は誰しも、男と女を両極とした「スペクトラム」の途中のどこかに位置する存在なのです。

にもかかわらず、私たちはとかく、一人ひとりの心の差異を無視して、「男と女という両極」でバッサリと二分してしまいがちです。しかも、身体の性差だけを根拠として……。

スタンフォードの教授はそのことを「地球人は愚かだ」と表現したわけです。

私はその授業を聴いて、何度もうなずきました。「ほんとうにそうだ！ 私の周りにも女らしい男性もいれば、男らしい女性もいる。男と女という二つしか分類がないから、私たちはいろんな偏見を抱いてしまう。人間はスペクトラムで理解すればいいんだ」と……。

人間を男と女の単純な二分法でとらえず、スペクトラムでとらえるのは、たやすいことではありません。でも、その心構えはつねに持っていたい。それが、「男とはこうだ」「女とはこうだ」という偏見から自由になるための鍵なのですから……。

戦争が終わっても
傷は癒えない。
心のいたみを力に
変えられるように
前を向いて進もう。

いまでも世界では
六六〇万人以上の
子どもたちが
五歳未満で
亡くなっている。
戦争はその
大きな原因の一つだ。
（二〇〇三年、イラクの
バスラ地方で）

# 第四章

# 子どもたちこそ社会の希望

## なぜ大人社会から子どもを「隔離」するの？

「アグネス論争」のころ、私が受けた批判のパターンの一つに、「仕事という大人の世界に、子どもを入れるな」「喫茶店や高級レストランなどの大人の聖域を侵すな」というものがありました。

そうした批判の背景として、日本は、大人社会から子どもを隔離《かくり》する傾向が強いということがあると思います。

たとえばいま、日本の飲食店や旅館には、「子連れのお客様お断り」というところがたくさんあります。ネットで「子ども　お断り」などというワードを検索してみれば、じつに多くの飲食店やホテルなどがヒットします。しかも、高級レストランや高級旅館ほど、「子どもお断り」の率が高いのです。「何歳以下はお断り」とか、「未就学児お断り」とか、条件はさまざまですが……。

私はそのことに納得がいきません。

日本で子ども以外に「〇〇お断り」が許されるのは、「ペット連れのお客様お断り」か、

「刺青《いれずみ》をしている人お断り」くらいのものでしょう。

少し前、某ファーストフード・チェーンの一店舗が、店内に「ホームレスの入店お断り」との貼り紙をし、大きな批判を浴びたことがあります。また、「車椅子の方、入店お断り」との条件を店のホームページに掲示したレストランが、物議をかもしたこともあります。でも、「子どもお断り」の飲食店や旅館については、ほとんど問題視されることがありません。

「子どもお断り」の店がごく普通に存在しているということを、まだ子どもを産んでいない若い女性たちはどう受け止めるでしょう。

「子どもを産んだら自由に行けなくなるレストランや旅館が、こんなにたくさんあるんだ」「子どもを産んだら損をするんだな」──そう思うことでしょう。つまり、「子どもお断り」は、「子どもを産むと、自由に行動できなくなる。それならば、子どもを産むのはやめよう」というネガティブなメッセージを、世の女性たちに送っているのです。

ささいなことに思えるかもしれません。でも、社会のそうしたありようが、日本の少子化を後押ししてしまっているのです。

個人経営の小さい店や旅館ならまだしも、大企業が経営している飲食店やホテルが「子どもお断り」を選択するのは、そのことが社会のネガティブな雰囲気を形づくってしまうので、絶対によくありません。

「子どもお断り」の飲食店やホテルでは、店側がそれを望んでいる場合と、客側の要望を反映して、という場合があるでしょう。

「子どもがワイワイ騒いでいるような場所で食事をしたくない。泊まりたくない」と考える大人が日本には多くて、その人たちの声を店側が無視できないこともあるでしょう。

欧米の場合、豪華客船クルーズや高級ホテルなど、高級志向の場ほど、むしろきちんと託児施設などが用意され、客は子連れで楽しめるようになっています。

日本がそうなっていないのは、一つは経済的要因、もう一つは文化的要因によるものでしょう。

「経済的要因」とは、少子高齢化が進むなかで、子育て中の若い世代は、比較的お金をもっていないということです。つまり、高級レストランや高級ホテルにとって、彼らは主要な客層ではないので、軽視されてしまうわけです。

逆に、高齢者層は比較的お金をもっています。そちら側の人たちが「子どもが騒いでいるところで食事をしたくない」と言えば、その意見のほうが店にとっては大事なのです。

そう考えると、「子どもお断り」の飲食店やホテルは、これから日本の少子高齢化が進めば進むほど、ますます増えていくのかもしれません。でもそれは「社会的弱者に対する明らかな差別なのだ」ということを、けっして忘れてはいけません。私から見れば、それはほんとうに残念なことです。

もう一つの「文化的要因」とは、「子どもの声を嫌がる大人」「だから子どもを大人社会から隔離しよう」という見えない圧力が、日本には多いということです。私はそれもある種の「文化的暴力」だと思います。

私はいま、すぐ向かいに保育所が建っている場所に住んでいます。「子どもの声が聞こえる環境」が、私にとっては好ましいからです。子どもの声は、私にとっては生命力に満ちた音楽のように心地よく感じられます。

小学校などのそば――つまり子どもの声がよく聞こえる環境というのは、多くの国では不動産の好立地条件と考えられていて、家賃も少し割高になります。

それは、「子どもが頻繁に行き来できる環境は安全性が高い」という評価からでもあります。子どもの集まる施設が近くにあると交通規制が厳しくなりますし、警察も頻繁に見回るようになったりするからです。

ところが日本は、小学校がすぐそばにあると、「うるさいから」ということで家賃がむしろ割安になるのだそうです。また、保育園や児童相談所などを建てる計画が持ち上がると、近隣住民が反対運動を起こすこともよくあります。

今後はそういう文化土壌も、変えていく必要があるのではないでしょうか。平然と「子連れのお客様お断り」というような店が減るように、みんなで声を上げていくことが大切なのです。

＊

ここで、個人的な思い出を一つ紹介します。

私の自宅がある東京の街のイタリアン・レストランの有名店は、「子どもお断り」の店でした。私はそのことを知らず、子どもを連れて行って入店を断られたことがあります。

そのことをある女性誌の編集者に話したことがあるのですが、後年、その編集者が雑誌の取材でその店を訪れたところ、お客さんの中には子どもがいたのだそうです。

「こちらのお店は以前、『子どもお断り』でしたよね？　歌手のアグネス・チャンさんが子連れで訪れて、入店を断られたことがあると言っていましたよ」

編集者がそう言うと、店のオーナー・シェフさんは次のように答えたそうです。

「いやー、あのときはアグネスさんに悪いことをしたなと思って、あとから反省したんですよ。『子どもお断り』はもう時代遅れだなと感じて、いまは子連れのお客様も普通に入店していただいています」

それはささやかな一例ですが、時代は少しずつ「子どもを大切にする」方向に変わりつつあるのです。有名なレストランやホテルなどで、「子どもお断り」をやめる例も増えているようです。

そして、そのような動きを加速させるためにも、私たち一人ひとりが「子どもお断りって、ヘンですよね?」と声を上げていくことが大切なのです。

## 子育て中の女性の声は政治に反映されにくい

前項で、「大人社会から子どもを隔離」する傾向が強い理由として、経済的要因と文化的要因を挙げました。もう一つ、政治的要因もそこにからんでいます。「社会全体で子どもとその親を守っていこう」とするような法案は、いまの日本ではなかなか通りにくいし、そもそも提案もされにくいのです。

なぜなら、「子育て中の親が持っている票」が、日本では少ないからです。

総務省が二〇一九年五月に発表したデータによれば、日本の子ども（十五歳未満）の人口は一五三三万人でした。じつに、三八年連続の減少です。総人口に占める子どもの割合も一二・一%と、こちらは四五年連続の低下。もちろん、いずれも過去最少です。

あたりまえですが、子どもには投票権がありません。投票権を持っているのは子どもたちの親ですが、かりに子どもの数の二倍と考えても三〇六〇万人で、六十五歳以上の高齢者人口（現在、約三五〇〇万人）より五〇〇万人も少ないのです。

子どもを二人、三人と産む親もいるので、「子育て中の有権者数」は、実際にはもっと少ないでしょう。しかも、若い世代は選挙の投票率も低いので、「実際に投票に行く子育て中の有権者」となると、さらに少なくなります。

そのため、数が多くて投票率も高い高齢者層の声のほうが、政治に反映されやすくなります。政治家たちが、「子育て中の親を支援する法案を通すより、高齢者が喜ぶような法案を通したほうが、選挙のときにたくさんの票をもらいやすい」と考えるのも無理はありません。

その反映として、日本は、先進諸外国と比べて、子どものための医療予算や教育予算の総額が低い傾向があります。子どもに対してあまり予算が割《さ》かれない国なのです。

つまり、子どもを抱えている親たちは、政治の世界では「声がない」ようなものなのです。このまま放っておけば、ますます日本は子育てしにくい社会になってしまう。経済的にも、文化的にも、政治的にも、子育て世代は弱者なのです。そうした状況を変えるためにも、子育て世代ほど政治に関心を持って声を上げるべきですし、選挙で投票棄権をすべきではないと思います。

## 困っているお母さんには一声かけよう

赤ちゃんを連れてスタンフォード大学に留学したとき、私が痛感したのは、「アメリカ社会は子育てするお母さんに優しい」ということです。

子どもを抱いてキャンパスや街の中を歩いていると、すれ違った人で、黙っている人はほとんどいませんでした。見知らぬ人たちが、老若男女を問わず、子どもに向かってニッコリ微笑みかけ、私に声をかけてくれました。

「かわいいわねえ」「いくつ?」「子育て、エンジョイしてね」などなど……。

もちろん、日本でも、見知らぬお母さんにそのように声がけする人はいます。でも、その比率はアメリカのほうがずっと高いのです。

日本にも、「子育てするお母さんに優しくしたい」と思っている人はたくさんいます。声をかけたいと思っている人も多いでしょう。でも、日本人は総じて恥ずかしがり屋なので、「見知らぬ人に声をかけるのはちょっと……」と躊躇《ちゅうちょ》してしまうのかもしれません。

何もないときはそれでもよいのです。でも、少なくとも、子どもを抱えたお母さんが困っていて、何かの助けを必要としているときには、相手が見知らぬ人であっても声をかけてあげてほしいと思います。

近年、「ベビーカー論争」なるものがしばしばネットやマスコミを騒がせます。「電車内や商業施設など、混雑した場所でベビーカーを押すのは、マナー違反なのか否か？」をめぐる論争です。少し前には、あるお寺が「初詣の際は混雑するので、ベビーカーを押しての参拝は自粛してください」と呼びかけたところ、その呼びかけがネット上で「炎上」し、侃々諤々《かんかんがくがく》の議論になりました。

二〇一七年にキッズライン社（オンライン・ベビーシッターサービスの会社）が子育て中のお母さんたちを対象に行った「ベビーカー利用実態調査」によれば、「ベビーカーを利用していて、嫌な思いをしたことはありますか？」という質問に、五六・八％が「はい」と答えています。

場所にもよりますが、少なくともベビーカーを押して電車に乗るくらいのことには、皆がもっとあたたかい目を向けるべきではないでしょうか？　ベビーカーがなるべく邪魔にならないようにと、電車の隅にちぢこまるようにしているお母さんの姿は、いたたまれません。そんなとき、「赤ちゃんかわいいわねえ。いくつ？」と見知らぬ乗客が声をかけてくれたら、そのお母さんはホッとするのではないでしょうか。

そのように、声をかけることで、子育てに対するささやかな応援ができるのです。

日本では街の中に、「あいさつができる子に育てよう」などという教育標語が掲げられているのをよく見かけます。それと同じように、「困っているお母さんには一声かけよう」とか、「赤ちゃんが泣いていたら、お母さんを手助けしましょう」といった標語を、日本中に掲げてもよいのではないでしょうか。

少し前、ある女流マンガ家が、雑誌に寄せたエッセイの中で、〝飛行機に乗ったとき、赤ちゃんが泣きやまないのが我慢できず、そのお母さんと客室乗務員、さらには飛行機を降りてから空港スタッフに猛抗議をした〟という話を自慢げに書き、物議をかもしました。

そのエッセイによれば、赤ちゃんはフライト中ずっと泣き通しだったとのことで、お母さんも客室乗務員も困り果てた様子だったそうです。乗客の一人だったマンガ家が苛立つ気持ちも、わからないではありません。

でも、困っている人に追い打ちをかけるような抗議をするより、「その子が泣きやむように、何か手助けをしてあげられないか」と考えてもよかったのではないでしょうか。

私も、飛行機に乗ると泣いている赤ちゃんに出くわすことがよくあります。飛行機は離陸するときと着陸するとき、気圧の変化で耳痛が起こりがちです。そのせいで赤ちゃんが泣くことは日常茶飯事なのです。

私は飛行機で泣いている赤ちゃんや幼児を見かけると、お母さんを手助けして、あやしてあげることがよくあります。

三人の子を育てた母親としての経験は、やはり力になるもので、私は赤ちゃんの泣き方の違いで「あ、これは暑いんだな」「おっぱい飲みたいんだな」「これはおむつだな」と三つが区別できます。百発百中とは言いませんが、だいたい当たるので、それをお母さんに教えてあげたりします。

泣いている赤ちゃんは、ほかの人が声をかけたり、何か目を引くことをしたりすると、そちらに気持ちを向けることで泣きやむことが多いものです。「あれ？　この人誰だろ？ママじゃないぞ」と思って、泣くのを忘れるんですね。それを狙って、即席の折り紙でカエルか何かをつくって見せると、パッと泣きやむ。もう少し大きな子は食べ物につられるから、小さいドライフルーツやおせんべいなどを「ハイ」とあげると、泣きやむ。そんなふうに、私は子どもを泣きやませるいろんな「技」を持っています。

子育て経験のある人なら、大なり小なり、そういう「技」を持っているはずです。赤ちゃんが泣いて困っているお母さんを見かけたら、恥ずかしがらずにその「技」で助けてあげたらいいのです。

どの子もみんな、私たちの未来そのものであり、社会の宝、希望なのですから……。

## 子どもは社会みんなで育てよう

日本の合計特殊出生率（一人の女性が一生に産む子どもの平均数）を都道府県別に見ると、抜きん出て高いのが沖縄県です。長年ずっと出生率全国一位をキープしていて、二〇一八年も一・八九でした（日本全体は一・四二で、都道府県別で最低の東京都は一・二〇）。

「少子化に無縁」とは言わないまでも、日本でいちばん少子化傾向が小さい県であるわけです。

では、沖縄県とほかの都道府県では何が違うのでしょう？　「気候がいい」とか、いろいろな要因があるのでしょう。中でもいちばん大きいのが、「子どもは親だけではなく、地域のみんなで育てる」という意識が強いことだと思います。

もともと、沖縄は親族や地域コミュニティの結びつきが強い傾向があります。沖縄の方言で「ゆいまーる」（「結い」＋「回る」の意）と呼ばれる、見返りを求めない相互扶助の伝統です。いまも残るその「ゆいまーる」精神が、子育てにも生かされているわけです。

かつての私のマネージャーにも、沖縄出身の男性がいました。

彼から聞いた思い出話の中に、「子どものころは、近所のあちこちでご飯を食べていました」というのがあります。ご両親が共働きだったこともあり、学校から帰ると、近くに住む親戚やご近所の家に気軽に立ち寄って、夕食をごちそうになっていたそうです。しかも、彼だけが特殊だったわけではなく、周りのみんながそうだったのだとか。

「僕は両親にだけ育てられたんじゃない。地域のみんなに育ててもらったんです」と、彼は言っていました。

沖縄の人々にとっては、子どもは親だけのものではなく、地域のみんなにとっての「宝」なのです。地域ぐるみで大事にする。あたたかく見守ってみんなで育てる……。だからこそ、女性たちは安心して子どもを産むことができる。それが日本の中で抜きん出て高い出生率の秘密なのです。

沖縄には、そうした古きよき伝統がまだ残っているわけです。

これからは、日本全体が沖縄を手本として、もう一度「子どもは親だけではなく、地域のみんなで育てる」という意識を構築し直していったらどうでしょうか。

そのための大切な鍵となるのが、現役を終えた高齢世代の役割でしょう。

自分の子育てを終えた世代は、こんどは「孫育て」をする。そして、孫が身近にいない場合は、地域の子どもたちを見守り、育《はぐく》む役割を果たす――これからどんどん増えていく高齢世代の人々が、そんな心構えを持つだけで、若い女性たちの子育てはずいぶんラクになるのではないでしょうか。

何も、特別なことをしなくてもいいのです。近所のお母さんに急な用事ができたとき、代わって保育園に迎えに行ってあげる。買い物に行く間の三〇分だけ、赤ちゃんを見ていてあげる……そのような「ワン・アクション」をみんなが心がけるだけで、お母さんたちにとっては頼もしい助けとなるのです。

身を寄せ合って
社会の弱者は
いつも必死に
生きている。
今夜も道ばたで
眠る人びと。

日本ユニセフ協会大使として、
貧富の格差で苦しむ
インドの子どもたちを視察。
（二〇〇七年）

東日本大震災で被災した子どもたちが
心から笑顔を取り戻せるように。
Build Back Better（震災前よりも
よりよい状態になること）を
目標に掲げ活動している。

# 第五章

# 「女性が輝く日本」への意識改革

## 「黙っている中間層」が声を上げよう

「女性が輝く社会」は、政治の力だけで実現できるものではありません。「社会全体の意志」として、女性と子どもを支えていくことができるかどうか。それが一番のポイントです。

日本社会のいろいろな制約の中で、苦しみ悩みながら生きている女性たち。彼女たちを支え、励まし、新しい時代を切りひらいていくためには、まず、「黙っている中間層」が声を上げることが大切だと思います。

社会は「三層構造」になっています。一つの問題について、一つめに「賛成する層」、二つめに「反対する層」、そして三つめに、「賛成も反対もせずに、ただ黙っている中間層」があるのです。

「働く女性の子育て」という問題について言えば、その女性たちを積極的に応援している層と、「子どもを産んだら会社を辞めろ」と考える層がいます。そして三つめに、どちらにも属さない人たちの層があるのです。

政治の世界で「無党派層」がいまや最大の層となったように、「働く女性の子育て」についても賛成も反対もしない層が、いちばん分厚い層なのです。まさに「サイレント・マジョリティ（物言わぬ多数派）」です。

したがって、こうした「黙っている中間層」に働きかけ、もし「働く女性の子育て」を応援する層に組み込めたなら、社会は音を立てて変わっていくはずです。

「黙っている中間層」の中には、「私はもう子育ては終了」「子育てなんて、いまの私には関係ないし……」と考えている無関心層が多いのです。でも、一方で、「なんとか娘や嫁を応援してやりたい」「困っている女性たちを助けたい」――そんな気持ちを声にしていないという人たちもたくさんいるはずです。

まず、その人たちが声を上げ、投票行動などの形で意思表示していけば、必ず社会は変わります。だからこそ、私はその中間層の人たちに力を貸してほしいのです。

逆に言えば、すでに声を上げている人たちだけの力では、反対層の力を封じ込めることはできないのです。

そのことから連想されるのは、黒人などマイノリティの人権を訴えたアメリカの「公民権運動」です。

公民権運動で声を上げたのは、差別されていた黒人たちだけではありません。差別する側であった白人たちが人権意識に目覚め、「黒人差別はもうやめよう」と声を上げたとき、初めて米国社会は変わっていったのです。黒人だけの力では、けっして黒人の人権を勝ち取ることはできなかったのです。

こうした歴史の方程式は、公民権運動に限らず、何度もくり返されてきました。奴隷《どれい》解放も、支配していた白人側が腰を上げ、南北戦争までして本気で社会を変えていったからこそ、成し遂げられたのです。

それは、ネルソン・マンデラ氏が指揮した南アフリカ共和国の「アパルトヘイト（人種隔離《かくり》政策）撤廃《てっぱい》運動」も、同じです。世界の白人たちがこぞってアパルトヘイトを非難し、そのことによって南アの白人指導者たちがマンデラ氏の呼びかけに応えたとき、初めて撤廃が成し遂げられたのです。

同じように、日本の働く女性たちの子育ての問題も、いま悩み苦しんでいる女性たちの力だけでは解決できません。分厚い「黙っている中間層」が、目覚めて支援の声を上げなければならないのです。

とくに、すでに子育てを終え、自分自身も子育て中にさまざまな苦労を体験してきた中高年の女性たちこそ、率先して若い女性たちをバックアップしてほしいと思います。「もう私は子育てが終わったし、関係ないわ」「私たちは、あんなに苦労してきたんだから、いまの若い人たちが苦労するのはあたりまえだわ」ではいけないのです。

## 女を裏切った女は地獄に堕ちる?

「アグネス論争」は、一部の男性論者も加わりましたが、基本的には「女同士の論争」でした。「女の敵は女」というとおり、女性たちが社会を変えようと声を上げるとき、そこに立ちはだかる強力な敵もまた、女性たちであることが少なくないのです。

アメリカで流行《はや》った、次のような言葉があります。

「地獄には、他の女性を助けない女性が堕《お》ちる特別な場所がある（"There's a special place in hell for women who don't help other women."）」

つまり、「仲間である女を裏切った女は、地獄に堕ちる。それも、普通の地獄よりさらにひどい地獄が用意されている」という意味です。

これは、いまアメリカで一番人気がある女性シンガーのテイラー・スウィフトが、『ヴアニティ・フェア』誌のインタビューで紹介して流行った言葉です。なんとも強烈な言葉ですが、要は「それくらい、女性たちが互いを応援することが大切なのだ」ということでしょう。

アメリカでは近年、女性同士がいがみ合うような論争が起きると、フェミニストたちは、そのこと自体を批判する論陣を張ります。

「女同士で争っているヒマなんかないでしょう。本当の敵は女じゃないわ。女同士をケンカさせて、高みの見物をしている男たちと闘わないといけないのよ」

と……。

アグネス論争のときもまったく同じです。男性週刊誌が中心となり、あえて女同士に論争させて、それを楽しむかのような風潮がありました。私たち女性は、そうした男性たちのワナにはまってはなりません。

日本においても、これからは、女性たちが互いに協力し合い、応援し合い、力を合わせていかないといけません。

## 「シルバーパワー」は頼もしい存在

日本はいよいよ、超高齢社会に本格的に足を踏み入れました。マスコミはとかく、そのことのマイナス面ばかりを強調しがちです。

でも、高齢社会も悪いことばかりではありません。いまどきの六十代・七十代・八十代は、昔に比べればとても元気です。その人たちのシルバーパワーを集めれば、日本社会を変える大きな力になるはずです。

アメリカにも、また一部の発展途上国にも、「元気な高齢者が社会を支えている」という面があります。

たとえば、アメリカは、さまざまなボランティア活動が盛んな国ですが、そのボランティアを中心的に支えているのが高齢者層です。彼らの多くはすでに現役を引退しているので、時間に余裕があります。元気いっぱいです。そのパワーを、地域活動やNGOでの活動に充てているのです。

アメリカではもう、地域のお祭りも、子育て支援も、女性運動も、シルバーパワーなくしては成り立ちません。カナダもそうです。私は、アメリカやカナダのそのようなありようが、今後の日本社会にとって何よりのお手本になると思っています。

日本のシルバーパワーは、いまはまだ十分に活用されていません。若いころから働き続けて、「もう休みたい」と思う方も多いでしょう。でもいまは、日本はある意味で、危機に瀕《ひん》しているのです。ぜひ高齢者の方々にはもう一肌脱いで、力を貸していただきたい。働く女性の子育てにも、シルバー世代の知恵と経験を大いに生かしてほしいのです。

今後ますます増えていく高齢者層は、けっして社会のお荷物などではありません。これからの日本社会を支えていく、頼もしい存在なのです。

## 「団塊の世代」は日本の希望になる

いわゆる「団塊の世代」は、もう七十代前半にさしかかり、高齢者層に入ります。「後期高齢者」(七十五歳以上)になるまであと一歩という段階です。

しかし私は、現役を引退して時間に余裕のある「団塊の世代」の人々こそが、これからの日本にとって大きな希望になると考えています。

というのも、「団塊の世代」の人たちは、戦後の新しい日本社会を切りひらいてきた人たちなので、社会意識の高い人が多いのです。しかも、その上の世代と比べれば、はるかに精神が柔軟なのです。

「ベビーブーム」のものすごい人数の中に生まれ、少子化が進むいまとは比較にならないくらい、過酷な競争社会を生き抜いてきた人たちです。経験も知恵もパワーも、若い人たちとは比べ物になりません。

だからこそ、団塊の世代——とくにその世代の女性たち——の経験と知恵とパワーが、これからの日本の、明るい未来のためには欠かせません。

ことに「3・11」——東日本大震災以後は、多くの団塊の世代の人たちが、さまざまな社会貢献活動に足を踏み入れています。「3・11」という未曾有の災害によって、もともと持っていた社会意識に火がついたのでしょう。そのエネルギーを、ぜひ女性支援のためにも貸していただきたい。私は心からそう願っています。

そして、働く女性たちの状況を改善しようとしている人たちは、こうした「団塊の世代」の人材を、自分たちの活動の中にどんどん引き込んでいくべきでしょう。そのことに、私は大きな希望と可能性を見出しているのです。

## 「人に迷惑をかけてはいけない」という教え

「人に迷惑をかけてはいけない」と、くり返し言われて育ったという人は、きっと大勢いることでしょう。この言葉は、とくに日本では子育て中の親の決まり文句のようなものです。

でも私は、「この言葉を使うのは、もうやめにしませんか」と言いたいのです。

親が子に「人に迷惑をかけてはいけない」というとき、そこには二つの意味が含まれています。「人のものを盗んではいけない」などの「反社会的な行動をするな」という意味と、「他の人の手を借りずに自立しろ」という意味です。それはよくわかります。

しかし同時にその言葉は、「人に迷惑をかけるのは、悪いことだ」というメッセージにもなっています。そのことで、子どもたちがよくない方向に誤解しやすい面があると、私は考えているのです。

たとえば、障がいを持つ同級生をいじめる悲しい事件が、たくさん起きています。私はそれを、「人に迷惑をかけてはいけない」という親の教えを、子どもたちが誤解してしまった結果だと思っています。

重い障がいをもつ人は、人の助けがないと生活できません。それを、「アイツは人に迷惑をかけている」と感じることで、「だからアイツはいじめていいんだ」と考えてしまうのではないでしょうか。

同じように、乗り物の中で泣いている赤ちゃんや子どもも、一人では生きていけない存在です。その子の面倒を見ている親に対して、ほかの乗客が冷たい視線を向けるのも、「あの子どもはうるさい。泣くことで人に迷惑をかけている」と考えるからなのです。電車にベビーカーを押して乗車するお母さんたちを、「マナーがなっていない」などと非難する人たちにも、そうした意識があるのではないでしょうか。

そのように、「人に迷惑をかけてはいけない」という教えは、場合によっては弱者を排除し、攻撃することに結びつきがちなのです。

## 「迷惑」を許し合う社会

私は、本質的には、人は誰もが「人に迷惑をかけている」と思っています。

たとえば、私たちは日々の暮らしの中で、ゴミを出さずには暮らせません。ゴミを片付けてくれる清掃員さんたちがいるから、家の中がゴミまみれにならずに済むのです。ゴミを出すこと一つとっても、ある意味では「人に迷惑をかけている」のです。

また、私たちは動植物の命をもらって、食べなければ生きていけません。命を奪われる動植物の側にすれば、人間の存在は迷惑千万でしょう。

もっと極端なことを言えば、いま、私たちが酸素を吸い二酸化炭素を吐いていることだって、地球環境にとっては迷惑なのです。私たちはただ生きているだけで、地球を汚し、動植物の生命を奪い、多くの人に迷惑をかけているのです。

人間は、赤ちゃんのときには、誰でも人の手を借りなければ生きていけません。成人して自立して、人の役に立つように働いて——。

でも、誰でも年を重ねれば、病気になったり体が衰えたりして、また人の手を借りなければならなくなるのです。

つまり、「私は人に迷惑をかけていない」とか、「俺は人の世話にならずに生きているんだ」などと思うのは、ほんとうに傲慢《ごうまん》なことです。人は生きているかぎり、つねにたくさんの人に支えられ、お互いに迷惑をかけ合いながら生きているのです。

もちろん、そのことを負い目に感じる必要はありません。ただ、私は「誰もが人に迷惑をかけているのだから、その分、何かで社会に恩返しをしなければ……」と考えるのです。

私は、自分の三人の息子たちには、子どものころからそのように教えてきました。

「君たちは、生きているだけで、人にいろんな迷惑をかけているんだよ。だから、その分、恩返しをしていこうね」

そう教えたのです。

でも、「誰もがみんな人に迷惑をかけている」ということは、なかなかわかりにくいものです。赤ちゃんや幼い子どもが、泣いたり走り回ったりするのは、自然なことです。自分の子どものころを思い出してみてください。そんな子どもを必死であやし、なだめているお母さん。周囲に恐縮してうろたえてしまうお母さん。そういう目につきやすい「迷惑」を、みんなで許し合い、助け合う社会。それが、これからの日本に求められているのです。

## 男女平等教育を進める

女の子を持つ母親たちと、男女平等について話していたときのことです。

「最近、学校では、ジェンダーって言葉が死語なのよ。基本的に男女平等教育は行われていないと思っていいんじゃない」と、教師をしている友人が言いました。

「なぜ、ジェンダーを教えちゃいけないの」と私が聞くと、「教育現場に保守的な風が吹いてるってことかな」という答えが返ってきました。

たしかに、いまの日本の学校教育の中で、ジェンダー教育、つまり男女平等教育が積極的に行われているとは思えません。

そもそも、ジェンダーとは、生物学的性差ではなく、社会的・文化的につくられる性別・性差のことです。

「従来の固定的な性別による役割分担にとらわれず、男女が平等に自らの能力を生かして、自由に行動し生活ができる」ことを目指して、一時はジェンダー・フリー教育が、もてはやされたこともありました。

しかし、「画一的に男女の区別をしないようにする考え方はおかしい」「男女の『らしさ』をなくして、人間の中性化を目指すのか」「ひな祭りや端午の節句など、日本の伝統や文化を壊すことになる」「行き過ぎた性教育になり、社会を混乱させる」などの批判が相次ぎ、政府も「ジェンダー・フリーという言葉は、誤解を招きやすいので使用しないほうがよい」という見解を出しました。

現実はどうでしょうか。日本では「女性は女性らしく、男性は男性らしく」という固定観念がいまだに根強く存在しています。

学校教育では、さすがに「母親が家事をして父親が仕事に出かける」というようなステレオタイプの教科書はなくなりました。

でも、進路指導の先生が、女子が理系の学校に進むことに難色を示したりすることは、いまだによくあるようです。集会のときに、男子に力仕事をさせ、女子にお茶を配らせることも、日常茶飯事でしょう。

「運動部のマネージャーは、女子がやるのがあたりまえ」として、女子に雑用や男子の世話をさせることも、何の疑問もなく行われています。

しかし私は、「女性が輝く日本」をつくるためには、こうした性差による指導の偏りを、一日でも早く改善していかなければならないと思っています。

アメリカでは一九七二年に「女性に公平な教育」が法制化されて以来、予算をつけて、いろいろな研究が行われてきました。

言葉づかいから始めて、徹底的な教科書改革も行われました。

たとえば、「グッドモーニング・ボーイズ・アンド・ガールズ」というあいさつは、「ボーイズ」が先に来るのはいけないということで、「グッドモーニング・チルドレン」に変更されたのです。

低学年では、「メリーさんの羊」は、ときに「ジョニーさんの羊」にして歌われたりするし、男子が女子と一緒にままごとをしたり、女子が男子と同じチームでサッカーなどをするのも、普通のことです。

もちろん、そのアメリカでも、根強い固定観念が消えたわけではありません。しかし、長年の努力の成果は上がっています。

最近は女子生徒に理科系を選ぶ人が増え、男子生徒も、家事を手伝うのはあたりまえという社会になっています。

ただし、学校で、こうした性差による差別があったこと、差別の歴史を教えることについては、アメリカでもさまざまな抵抗がありました。

女性を差別してきた男性はもちろん、差別されてきた女性もプライドを傷つけられることを嫌って、こうした男女平等教育に反対したのです。

長い論争の末、社会の風も変わって、アメリカは男女の公平性が成り立つ社会を目指して法改正を行いました。男女差別の構造を研究し、学校の中でも改革を進めたのです。

日本も同じです。

男女平等の考え方は、子どもたちが小さいうちから学校現場で教えていくことが重要です。人格形成中の子どもたちにこそ、公平性は一番大事な教育なのです。

小さいころから、子どもたちに、男女平等の思想を教えることができれば、大人になったときに、男女はお互いを尊敬することができるようになります。

反対に、子どものころに差別的な固定観念を身につけてしまうと、大人になっても、なかなかそのしがらみから抜け出すことはできません。だから男女平等教育は、子どもが小さいうちからスタートする必要があるのです。

私は、ジェンダーという言葉にこだわる必要は、まったくないと思っています。「ジェンダー・フリー」でも「ジェンダー・イクォーリティ（平等）」でも「男女平等教育」でも、何でもいいのです。

ただ、「すべての人が、性別や性差に関係なく自分の能力や個性を伸ばすことができる」ような教育、「男性も女性も、平等に権利を主張でき、平等に利益を受けられる」ようにするための教育が必要だと思うのです。

もちろん、いまの時代、男尊女卑的な発想は絶対に許されるものではありません。日本も男女差別の歴史、構造、形態を研究し、見直し、改革を進めるときを迎えています。そのためには、行政、現場の教師、親たちみんなが真剣にこの課題と向き合い、みんなで新しい基準をつくっていかなければなりません。

女性たちに、一方で「社会に出て、男性と肩を並べて働いてほしい」と言いながら、一方で、性別による役割分担を押しつけるような教育をすることは、とても矛盾しています。

性別や社会通念や固定観念にとらわれず、女性も男性も、自分の生き方を自分で自由に選択していけることが大切なのです。

学校が変われば、社会は変わります。学校が変わらなければ社会も変わりません。

学校においても男女平等教育をいかに進めるか。これもまた、「日本再興」のために、早急に方針を決めて、歩み始めなければならない課題なのです。

## できることから取り組んでいく

税金をいちばん有効に使えるのが教育です。少子化だからと子どもにかける予算を削ってしまったら、国の将来はありません。消費税をアップした分を教育費に充当することが、最も有効な投資でもあるのです。

少子化だからこそ、大胆な教育改革を断行し、人材育成のための手厚い経済支援を行わなければならないのです。まさに「子どもは宝」です。その「宝」を守り育てることが、この国の指導者たちの最大の仕事だと私は思っています。

政治家たちが本気で取り組んでくれれば、これらの教育改革も必ず実現できるはずです。日本人が世代を超えて叡智《えいち》を寄せ合い、女性と子どもを応援していく。「女性が輝く日本」をつくっていく。それはけっして少子化対策のためではありません。一人ひとりの人間が自由に自分らしく、人間らしく生きていける社会。輝ける社会こそが、本当に豊かで幸せな社会です。

女性と子どものはじけるような笑顔があるからこそ、男性もまた輝けるのです。

すでに私たちを取り巻く社会は大きく動き始めています。日本の将来はいま、まさに私たちの手にゆだねられています。それを自覚して、一人ひとりが自分なりに、できることから取り組んでいくことが、何より大切だと思います。

子どもにやさしくない社会は　根っこからくずれていく。
子どもを大切にする社会は　青空にのびていく。

カンボジアの
サリーちゃんは、
実の母親に二度売られた
人身売買の被害者。
向学心はおうせいだ。

三人の息子たちは
私の誇り、宝、
生きる意味そのものです。
左から次男の昇平、
卒業式を迎えた三男の協平、
そして長男の和平。
（二〇一九年、
スタンフォード大学で）

# 第六章

# 「アグネス論争」が私を成長させてくれた

# 真心の証

「アグネスは何不自由なく育ったお金持ちのお嬢様だったのだろう」と、誤解されることが少なくありません。でもじつは、少女時代、わが家はとても貧乏でした。

たとえば、中国には新年に、お世話になった方に「月餅」というお菓子を贈る習慣があります。わが家はお金がなくて月餅を現金で買うことができず、月賦で買っていたほどです。

貧しい中でも両親は教育熱心で、私たち姉妹を名門のお嬢様学校に通わせてくれました。でも、家には校則で定められた黒の革靴を買うお金もありません。そのため母は、市場で買った安いチェック地の靴に、真っ黒な墨を塗ってくれ、それを革靴の代わりに履《は》いて学校に行ったこともあります。

先生からは「革靴じゃない」と叱られましたが、私は「今月は家にお金がないのです。これで勘弁してください」ときっぱり言いました。

ふだんは、わりと引っ込み思案な少女だったのに、そのときは貧しさを恥ずかしいとは思わず、堂々とした態度がとれたのです。墨を塗った靴が、母の真心の証《あかし》だったからでしょう。

私の両親は、貧しくともまったく卑屈にならず、子どもたちには惜しみない愛情を注いでくれました。また、生活が苦しいなかでも、つねに周囲の人々を気遣い、自分のことは後回しにして人のために尽くす人でした。

## 子ども・女性・平和――三本柱で歩んできた私の人生

私は、元々は「歌手になりたい」と思っていたわけではありません。それなのに十代で歌手デビューしたのは、故郷でのボランティア活動がきっかけでした。

中学一年生のときから、私は二つの団体に参加して、ボランティア活動を始めました。そして、毎週学校の休みのたびに、いろいろな施設を訪問するようになったのです。目の見えない子どもたちの施設、肢体不自由児の施設、孤児院、少女院など、いろいろな所を回りました。

当時の私はまだ十二、三歳ですから、施設の子どもたちとほとんど年齢は変わりません。「同じ年頃なのに、自分はこんなにも恵まれている。この子たちはいろんな不自由を抱えて苦しんでいる」と思うと、胸が痛みました。そして、「この子たちのために、もっと何かがしたい」という思いがわき上がってきたのです。

そこで、ボランティアに参加していたみんなと話し合って、「歌を歌ってお金を集めよう」ということになったのです。私は、当時からギターがちょっと弾けたため、歌い手を務めることになりました。

じつはそれが、私が人前で歌を歌った最初の体験だったのです。「子どもたちのためにお金や食べ物を集めよう」と思って歌い始めたのです。

そのうちに噂が広まり、私は十四歳でスカウトされ、香港で歌手デビューをしました。そして十七歳で日本での歌手デビューを果たしたのです。

この「子どもたちのために何かがしたい」という思いから歌を歌っていたことが、デビューにつながった――これは、私の人生の中で最大のターニングポイントです。それから現在まで、私の人生をずっとつらぬいているのは、「子どもたちを守りたい」という思いです。

中学一年のあのときから、四十数年間、ずっとそう思って生きてきました。私はいままでいろいろなことをやってきましたが、そのテーマから外れた行動は一つもしてきませんでした。

「子どもたちを守るため」には、その子どもたちのお母さんも守らなければいけません。また、女性たちが安心して子どもを産み育てることのできる社会にしていかなければなりません。女性たちが幸せでない社会には、子どもたちの幸せもないのです。

私がずっとやってきた平和のための活動も、いま取り組んでいる女性のための活動も、けっきょくは「子どもたちを守りたい」という思いに直結しています。

トロント大学で社会児童心理学を学んだことも、スタンフォード大学で男女学や教育学などを学んだことも、やっぱり「子どもたちを守りたい」という目的のためです。

「子ども・女性・平和」は、私の人生の大切な三本柱です。そのために、仕事と家庭とボランティアに夢中で取り組んできました。それ以外の生き方は、私にはできなかったのです。

# 世界の子どもを守る

人間には誰しも、いちばん得意とするものがあります。料理が得意だとか、野球がうまいとか、人の話を聴くのが上手だとか……。

私自身に与えられた「特別な力」が何かといえば、やっぱり歌声だと思います。私は、「自分の歌には人の心に入りこむ何かがある」と確信しています。

「歌が特別に上手だ」という意味ではありません。私より歌がうまい歌手はたくさんいます。でも、「人の心に入りこむ力」「歌声で人を笑顔にする力」については、誰にも負けない自信があります。

そうした自信は、これまで世界中の紛争地域などを歩いてきて、私のことを知らない人たちの前で歌った経験から得たものです。

一九八五年、私はアフリカのエチオピアの難民キャンプを訪ねました。

エチオピアでは長く干魃《かんばつ》と内戦が続いていて、飢餓《きが》と伝染病が国中に広まり、飢えと病気と戦争で、百万人単位の人が亡くなっていたのです。

難民キャンプで出会った子どもたちは、それまで見たことがないくらい痩せこけていました。もちろん言葉も通じません。

私は、「ロンドン橋」の歌の替え歌を、現地語でアドリブでつくりました。

その歌をアカペラで歌ったところ、子どもたちがパッと顔を輝かせて、私のもとに集まってきました。そして、子どもたちは声を出し、体を揺すって踊り出し、私を歓迎してくれたのです。

私のもとに駆け寄ってくる子どもたちを、かわるがわるぎゅっと抱きしめながら、「もう、ここで病気になって死んだって構わない」と思いました。

あの日、私は一生分の勇気をいただいたような気がします。あれ以来、私は「怖い」と思う気持ちがなくなりました。

それ以来、私は世界中の紛争地域や貧困地域など、二〇カ所以上を訪ねました。どこも子どもや女性たちがつらい目に遭っている場所です。

そしてどこへ行っても、歌は心をつないでくれました。言葉が通じなくても、歌声でみんなと心を通い合わせることができたのです。

エチオピアでの体験は、八五年、私が最初の子どもを産む前の出来事です。

そして、その翌年に長男を出産し、赤ちゃんを初めて抱っこしたとき、「あれ？　この気持ち、前にどこかで味わったことがある」と思いました。自分の記憶を探るようにして考えてみたら、それはエチオピアで初めて現地の子どもたちを抱きしめたときの気持ちと同じでした。

それは、わき上がる幸福感と、「この子は絶対に私が守るんだ！」という強烈な責任感がないまぜになった気持ちです。

「自分の子どもはもちろん、世界の子どもたちを守りたい。そこに私の幸せもあるし、使命もある。私の歌声はそのために与えられた力なんだ」――そんなふうに、強く思いました。

私にとっては、自分の産んだ三人の子どもたちを母親として守ることと、最貧国などで苦しんでいる子どもたちを守ることは、別々のことではありません。それは大きな根っこでつながっているのです。

## 歌を通じて架け橋になる

私のオフィシャルブログには、しょっちゅう中傷コメントが押し寄せます。

ネット上の巨大掲示板「5ちゃんねる（旧2ちゃんねる）」にも、しばしば私を中傷するスレッド（ある話題に関する投稿の集まり）が立ちます。

中傷される事柄は、もう「なんでもあり」です。なにしろ、ブログに「最近、少し太りました」と書いただけで、「アフリカの飢えた子どもたちを救いたいと言っているくせに、自分が太るとは何事だ」と言われて「炎上」するのです。

また、私が中国人であることから、日本の反中感情の高まりにつれて、中傷される機会も増えました。

思えば、三二年前の「アグネス論争」当時も、中国人の私に対する排外主義者からの攻撃がありました。

論争当時、『週刊文春』に、「日本を喰いものにして説教する〝歩く中華思想〟国際人アグネス・チャンは日本人嫌い」というすごいタイトルの記事が載ったこともあります。

この記事が示すように、アグネス論争に〝参戦〟した人々の一部には、「子連れ出勤」は私を中傷するための格好の材料だったのです。その根底に、中国人差別が隠れていたことは明らかです。

でも、私は最近、そういうことをまったく気にしなくなりました。これまでの歴史を振り返れば、平和のために声を上げて行動してきた人は、みんな多かれ少なかれ理不尽な誹謗中傷を受けてきたのですから……。

そしていま、領土問題をきっかけとして、日本人の一部に反中感情が高まっています。さきの戦争をめぐる歴史認識の問題も、いまだに解決できていません。だからこそ、改めて「私という存在が日本と中国を結ぶ架け橋になれたら」と思うのです。

私は一九七二年、日中国交回復の年に来日しました。「パンダとアグネスが日中友好の象徴として来日した」と言われたものです。

それ以来、「歌を通じて、中国と日本の架け橋に」「世界と日本の架け橋に」という思いを、私はずっと抱き続けてきました。

「生まれて初めて見た外国人がアグネス・チャンだった」という人もいるでしょう。私の歌を好きになってくれた方が、そのことを通じて外国に親しみを抱いてくれた例もあるでしょう。

アグネス・チャンという人間が、どれくらい日中をはじめとする世界の架け橋になれたかは、私が死んでからほかの人が評価することです。

でも、客観的評価がどうあれ、私は「架け橋になりたい」という思いをずっと持ち続けてきました。その思いが少しもぶれていないことには自信があります。

## 与えられた使命と応援してくれた人への恩返し

二〇〇七年、私は乳ガンの手術を受けました。

手術後は放射線治療を受け、その後は五年間にわたってホルモン療法を受けました。女性ホルモンの分泌そのものを抑える薬を飲み、乳ガンの再発・増殖を抑えようとする治療法です。

もちろん、再発の可能性はあります。でも、術後五年間を生き延びたことで、私は「生かされた」と感じました。そして、死なずに生かされた以上、私にはまだ生きて果たすべき使命があると思っています。

その使命とは何かと考えると、一つは「日本の女性がもっと幸せを感じられるようになるための、ささやかなお手伝いをする」ことだと思うのです。私がいま、アグネス論争について振り返ったり、働く女性の子育てについて積極的に発言していこうと思っているのは、そう考えたためです。

これは私なりの日本への恩返しなのです。

「恩返し」という言葉には、さまざまな思いが込めてあります。一つには、アグネス論争のころに、私を応援してくださった人たちへの恩返しです。

アグネス論争で私が矢面に立っていたころ、じつは私の芸能人としての仕事はまったく減りませんでした。

多くの人から批判を浴び、揶揄《やゆ》されたのですから、「しばらくアグネス・チャンは番組に使わないほうがいいな」と考える人もいたはずです。にもかかわらず、仕事が減ったりすることは一切なく、むしろ私の長い芸能人生活の中でも「第二の黄金期」といっていいくらい、たくさんの仕事をいただきました。

その背景に何があったかといえば、テレビ局やラジオ局をはじめ、マスメディアで働く人の中に、自分を危険にさらしてでも、私を起用し続けてくれた人たちがいたということです。

雑誌や新聞で私を擁護する論陣を張ってくれた人たちだけが、私を守ってくれたのではありません。名前すら出さないまま、「陰の力」となって私を守ってくれた人が、ほかにもたくさんいたのです。私はいま、その方々にも恩返しをしないといけません。それはものすごく大切な恩返しなのです。

では、何をすることが、その人たちへの恩返しになるでしょうか？

「あのとき、私はアグネスを一生懸命に応援したんだよ」と、誇らしく口にできるような存在に、私自身がなっていくことだと思います。それこそが最大の恩返しだと思っています。

## 生き方で正しさを証明する

アグネス論争真っ只中のころ、夫が私に言った言葉を、いまも鮮やかに覚えています。それは、「向けられた批判に逐一《ちくいち》反論していくより、あなたは自分のこれからの生き方で正しさを証明するしかないよ」という言葉です。

私はその言葉を肝に銘じて、あれからの三二年間を生きてきました。アグネス・チャンは、アグネス論争以後は、たんなる個人ではなくなったのです。望むと望まざるとにかかわらず、働きながら子育てをする母親の象徴的存在になったのですから……。

それに、香港生まれの私は、イギリス国籍を持つイギリス人ですが、ある意味では日本で暮らす中国人女性の象徴でもあるでしょう。

だからこそ、私は、誰にも恥じることのないような生き方をしてこなければなりませんでした。子育てにもいつも全力で取り組んできました。

私は「優れた母親」「完璧な母親」ではないかもしれません。でも、「つねに一生懸命な母親」であり続けてきました。

ユニセフなどを通じてやってきた、世界の子どもたちを守るための活動についても、一度も手を抜いたことはありません。どれくらい子どもたちを守れたかはともかく、自分にできるベストを尽くしてきました。

「自分の生き方で正しさを証明するんだ」――そんな思いを背負ってきたからこそ、私はずっとがんばってこられました。

それがどの程度まで実現できたのかは、私自身にはわかりません。

ただ、一つだけたしかに言えることは、「アグネス論争が私を成長させてくれた」ということです。

アグネス論争が起きる前、私はいまよりもずっと未熟でした。女性としても、人間としても、母親としても……。論争の渦中に身を置くことで、私は初めて「社会の中の自分」を強く意識するようになったのです。

その意識が、私をさまざまな努力に駆り立て、そのことによって成長できたと実感しています。その意味で、アグネス論争は、私にとって、人生の大きな糧《かて》になりました。

子連れの留学が
私の人生を変えました。
自分の人生は自分で変えられる。
なりたい自分になれるのも
自分しだい。

# 第七章

# 日本の未来への展望

# インターネットが女性を生きやすくした

本書は、二〇一四年九月に上梓した単行本『女性にやさしい日本になれたのか』を新書化し、改題したものです。

親本の刊行から五年が経っていますので、データや取り上げた事柄には古くなっていた部分があり、今回の新書化に際して加筆修正を行いました。データのアップデートや、取り上げたエピソードの差し替えなどを行ったのです。

そのうえで、この五年の間に社会に起きた変化や新たな動きをふまえ、新章を追加することにしました。それが本章です。

＊

この五年間に起きた、女性と社会をめぐる大きな出来事として、まず挙げるべきは「#MeToo（ミー・トゥー）」運動だと思います。アメリカで起こり、日本など各国に波及した、女性たちによるセクハラ（セクシャル・ハラスメント＝性的いやがらせ）や搾取《さくしゅ》に対する告発の運動です。

発端となったのは、二〇一七年に米国の『ニューヨーク・タイムズ』紙が、ハリウッドの映画プロデューサー、ハーヴェイ・ワインスタインによる数十年に及ぶセクハラを記事で告発したこと。それをきっかけに、ワインスタインからセクハラを受けながら泣き寝入りしていた多くの女性たちが、一斉に告発を始めたのです。

その際、歌手・女優のアリッサ・ミラノが、同様の被害を受けたことのある女性たちに向けて、「#MeToo」というハッシュタグをつけて声を上げるようにツイッターで呼びかけたことから、「#MeToo」運動と呼ばれるようになりました。

ハッシュタグ（#）とは、SNS上でキーワードの前にこの記号をつけて投稿すると、同じキーワードの投稿が検索しやすくなる「タグ（札・しるし）」のこと。「MeToo」とは英語の「私も（Me Too）」のことです。

ハーヴェイ・ワインスタインという一個人のセクハラを告発することから始まった「#MeToo」運動ですが、やがて、分野や国境さえも超えて、あらゆる人物によるセクハラや女性に対する搾取を告発する世界的ムーブメントになっていきました。

これは、ツイッターやフェイスブックなどのSNSがいまのように世界的に普及したからこそ起きた運動でしょう。SNSがなかった時代、ましてやネットそのものがなかった時代なら、これほどの広がりにはならなかったに違いありません。その意味で、ネット社会の「よい部分」が表れた出来事だったと思います。

この五年間で、SNSは一部の先進的な人たちだけではなく、あらゆる人が気軽に使えるツールになりました。そのことによって、女性たちが社会に向けて声を上げやすくなり、声を上げた者同士がつながりやすくなったのです。そのことの恩恵は、計り知れないほど大きいと思います。

もちろん、女性たちが声を上げたからといって、そのことが状況の大きな改善につながるとは限りません。

また、とくに日本に顕著だったのですが、「#MeToo」と声を上げ、性的被害を告発した女性たちに対して、ひどい中傷や揶揄《やゆ》が寄せられる事例もあります。

それでも、声を上げやすくなったことは、女性たちにとって大きな前進です。また、状況がすぐには変わらなかったとしても、セクハラする側を牽制《けんせい》する効果は絶大です。「ヘタなことをしたら、ネット上で告発されるかもしれない」という警戒心を、彼らが抱くようになったからです。

いうまでもなく、ネット社会の本格化とSNSの普及には、よい面だけがあるわけではありません。悪い面もいろいろあります。

いわゆる「フェイクニュース（虚偽報道）」が、それに騙された人たちや、ウソと知りつつ面白がって拡散する人たちによってすぐに広まってしまうことは、悪い面の最たるものです。また、ネットがいじめや中傷の舞台となりがちなことは、しばしば中傷の標的になる私も、身にしみてよくわかっています。

そのような悪い面があることは承知のうえで、同じくらい、ネットにはよい面もあると私は思うのです。それに、「ネットには悪い面がある」と言ってみたところで、私たちはもうネットのない時代に逆戻りできません。だからこそ、悪い面よりもよい面に目を向けたいのです。

では、ネットのよい面とは何でしょうか？「ネットを通じて声を上げやすくなり、同じ意見を持つ人たちと連帯しやすくなった」ということにくわえて、もう一つ、「ネットによって、外形的な差異にこだわらず発言できるようになった」ということが大きいと思います。

実際に会って対話する場合、私たちはどうしても、自分の置かれた立場に縛《しば》られてしまいます。若いか年を取っているか？　痩せているか太っているか？　結婚しているかいないか？　お金持ちか貧乏か？　さらには男性か女性か？　そのような自分のポジションによって、言えることと言えないことがある程度決まってしまうのです。「『あの人、いい年をしてあんなことを言って……』と思われないかしら？」などという自己規制が働くためです。

ところが、ネット上ではそのような差異にこだわらずに発言できます。たとえば、五十代のおじさんが女子高生になりきって意見を書き込むこともできるのです。それはいささか極端な例ですが、高齢者も障がい者も、男性も女性も、自分の立場に縛られず声を上げられることは、ネットの大きな美点だと思います。

ネットでは外形的なことは問われず、中身だけ、意識や思想だけで勝負することができるのです。そうした傾向は、今後ますます強まっていくはずです。

女性たちは、女性であることによってさまざまなハンディを負って生きてきた面があります。でも、ネットの世界では女性であることがあまりハンディにはなりません。一言でいえば、ネットが普及したことによって、女性たちはそれ以前よりも生きやすくなったのです。

ただ、そのことを別の面から見れば、ネット時代のいまは「私はもう年だからできない」「私は母親だからできない」「女だからできない」などという言い訳ができなくなるということでもあります。ネット上では年齢も性別も関係なく、あなたの能力だけで勝負できるのですから……。

*

最近、私が「ネットの自由さ」を実感したエピソードを、ここで一つご紹介しましょう。

「霜降り明星」という、吉本興業所属のお笑いコンビがいます。二〇一八年に、「M‐1グランプリ」（吉本興業が主催する漫才コンクール）で第一四代王者に輝いた人気コンビです。

その霜降り明星の片割れである「せいや」さんは、なんと、私の大ファンなのだそうです。最近、テレビ番組で私とせいやさんを対面させる企画があって、そのときに初めて知ってビックリしました。まだ二十代のせいやさんが、十五歳のときから私のファンクラブに入っているそうです。

テレビ番組で対面したとき、彼は私の曲の中からとくに好きなものとして、「山鳩」と「100万人のJabberwocky（ジャバウォーキー）」の二曲を挙げました。とくに「山鳩」

（シングル「草原の輝き」のB面収録曲）は、当の私も内容をよく覚えていないくらいマイナーな曲ですが、そのことで「ほんとうにファンなんだな」と感じました。せいやさんは、一九七二年から七四年くらいの、アイドル時代の私の歌がとくにお好きなのだそうです。

せいやさんは、私のアイドル時代はもちろんのこと、「アグネス論争」当時ですら、まだ生まれていません。ネットの「ユーチューブ（動画共有サービス）」で昔の私の動画を観るなどして、後追いでファンになってくれたのです。

私はそのことで、「ネット時代にはもう、年齢なんてあまり意味がなくなるんだな」としみじみ思いました。

アイドル時代の私はもうどこにもいないのに、ネットを介せば当時の私に会うことができ、そのことで新たにファンになってくれる若者もいる。〝アイドルとしてのアグネス・チャン〟は、あたかもアニメのキャラクターのように、永遠に若いままなのです。なんと自由で面白い時代でしょう。

## ＡＩが女性たちを自由にする未来

この五年間に起きた社会の大きな変化として、ＡＩ（人工知能）が長足の進歩を遂げたということがあります。その背景には、「ディープラーニング（深層学習）」と呼ばれる画期的な技術の登場によるブレークスルー（障壁突破《しょうへきとっぱ》）があります。

ＡＩの急激な進歩は、社会の一部に「ＡＩ脅威論《きょういろん》」を呼び起こしました。その一つが、「ＡＩによって人間の仕事が奪われてしまう」という脅威論です。

すでに一部で導入されている「無人レジ」や、開発が進む「自動運転車」のようなハイテクがどんどん開発されていくと、あらゆる職業に「人間がいらなくなる分野」が広がり、多くの人が失業してしまうのではないか……という懸念《けねん》です。

でも私は、そうした未来に恐怖よりもむしろ希望を感じます。

ＡＩによって置き換え可能な仕事は、単純労働など、人間らしい創造性や細やかな気配りなどが必要ない仕事でしょう。そうした仕事をＡＩとロボットに肩代わりしてもらうことによって、私たち人間はより人間らしい、やりがいのあることに時間を割《さ》けるようになる――そう感じるのです。

それは、とくに女性たちにとって恩恵となるはずです。

これまでも、テクノロジーの進歩は女性たちの家事労働を軽減する役割を果たしてきました。洗濯機や炊飯器、自動食器洗い機がなかった時代の洗濯や炊事、皿洗いがどれだけ大変だったかを、考えてみてください。洗濯機の登場によって、手とタライと洗濯板で洗濯していた分の時間を、女性たちはほかのことに使えるようになりました。同じような家事の軽減・余暇時間の創出が、今後はあらゆる分野で起きてくるのです。

たとえば、介護の仕事は、力のない女性にとっては大変なことが多いものです。「移乗介助（車椅子からベッドに移すなど）」など、腰に負担のかかる作業が多く、介護業界で働く人の多くが腰痛を抱えていると言われます。

でも、近い将来、ＡＩの進歩によって介護ロボットが実用化されれば、そのような作業はロボットが肩代わりしてくれるようになります。そして、職員は被介護者との心のふれあいのような、「人間にしかできない仕事」に集中できるのです。

そのように、いままで女性たちが骨を折ってやってきた労働の多くが、ＡＩによって大きく軽減されるでしょう。「ＡＩは女性たちを自由にする」のです。ＡＩの進歩は、「仕事を奪う」のではなく「余暇を与えてくれる」のだと、私は考えています。

「だけど、ＡＩが私たちの仕事を肩代わりしてしまったら、給料がもらえなくて生活できなくなるでしょう？」と首をかしげる人がいるかもしれません。でも、私はその点も心配していません。なぜなら、将来、ＡＩが生み出す巨大な富を、人類全体で分配する時代がやってくるはずだからです。

たとえば、それまで大勢の人が目視で行っていたような監視作業を、たった一つのＡＩが一括して行えるようになったとします。その場合、大勢の人に支払っていた給与がいらなくなるわけで、そこには「ＡＩが生み出している富」があるのです。現状、それは一握りのＩＴ長者たちによって独占されています。

でも、これから「ＡＩが生み出す富」が桁外《けたはず》れに巨額になってくると、各国政府がそれを人々に公平に分配するようになるはずです。

現にアメリカでは、民主党の大統領候補の一人に名乗りを上げている有力政治家であるアジア系アメリカ人のアンドリュー・ヤングが、「フリーダム配当金（Freedom Dividend）」というアイデアを打ち出しています。

それは、十八歳から六十四歳（労働者としての現役年齢）のアメリカ市民全員に、毎月一〇〇〇ドル（約一一万円）を支給するというもので、「ユニバーサル・ベーシック・インカム（無条件で国民に一定の金額を給付する制度）」の一種です。

アンドリュー・ヤングは、ＡＩに仕事を奪われる人々を救うために、「ＡＩが生み出す富」を公平に分配する制度を提案しているわけです。彼がトランプ大統領に勝って次の米大統領になる可能性はほとんどないと言われていますが、それはともかく、「ＡＩが生み出す富」を公平に分配するということは、けっして荒唐無稽《こうとうむけい》な話ではなく、近い将来十分あり得ることなのです。

ヤングは、「フリーダム配当金」実現に向けての〝実験〟として、いくつかの家族に一人あたり毎月一〇〇〇ドルを提供し、彼らがそれをどう使ったかを報告しています。

そのリポートを見ると、どの家族も「毎月の食費に充てる」などという使い方をしていません。「ギターを買った」などという、楽しみのために使っている例が多いのです。

つまり、ヤングは「フリーダム配当金」を、生活保護のような〝救済金〟だとは考えていないということです。「人生をより楽しくし、余裕のなかった部分を補っていくためのお小遣い」のような位置づけなのです。

そうしたアメリカのニュースを見ると、「ＡＩの進歩で人間の余暇が増え、ＡＩが生み出す富が人間に分配される未来」を垣間見る気がします。それは、女性たちにとっても歓迎すべき未来でしょう。

## 人手不足問題をどうすべきか?

この五年間であらわになってきた日本社会の大きな動きとして、深刻な人手不足の問題があります。

とくに、中小企業ではここ数年、利益は上がっているのに人手不足で会社が回らずに倒産する「人手不足倒産」が増えています。東京商工リサーチの発表によれば、人手不足倒産は二〇一九年までの三年連続で急増しているそうです。

日本の人手不足がどれほど深刻かを示す数字があります。パーソル総合研究所と中央大学の共同研究によれば、二〇三〇年の日本では六四四万人もの人手不足が生じると推計されているのです。

それほど大きな人手不足を、どうやって埋めたらよいのでしょう? まず考えられるのは、労働力としての移民を大幅に受け入れることです。でも、日本社会には移民受け入れに対する警戒心が強く、難しい面があります。

日本では、二〇一九年四月から施行された「改正入管法（出入国管理及び難民認定法）」によって、農業・介護などの一四業種で外国人労働者の受け入れが始まりました。この改正入管法は人手不足解消を目指したもので、日本政府は今後五年間で最大約三五万人を受け入れるとしています。

しかし、五年間でたった三五万人では、いまの深刻な人手不足にとっては「焼け石に水」でしかありません。そもそも、当の政府が向こう五年間で一五〇万人の人手不足を予測しているのですから、外国人労働者だけでそれをすべて補えるとは考えていないのです。

では、それ以外にどんな対策が考えられるでしょう？「女性の就業率の向上」は、その一つです。

ただし、日本の女性就業率は、近年大幅に上昇しています。二〇一六年の時点で、「生産年齢人口」とされる十五歳から六十四歳の六六・〇％、二十五歳から四十四歳の枠では七二・七％が仕事に就いているのです。

これはかなり高い数字です。女性たちは働いていないわけではなく、すでに多くの人が働いているのです。

女性の中には、心身の問題などから働けない人もいれば、裕福であるなどの理由で働くつもりがまったくない人もいます。したがって、現状からさらに女性の就業率を上げるのは、絞ったタオルをさらに絞るようなもので、大幅な上昇は期待できません。女性就業率八〇%は目指してもいいでしょうが、たとえそれが達成できても、人手不足解消にはほど遠いでしょう。

それ以外の対策には何があるでしょう?

私は、無人レジの本格導入など、「AIによって置き換えられるところはできるだけ置き換えること」が、いちばん手っ取り早い解決策だと考えています。日本は元々「ロボット大国」ですし、高い技術力を持っていますから、今後、AIを活用した産業用ロボットなどの開発は、日本で急速に進んでいくでしょう。

それに、日本人には危機に直面すると底力を発揮する特性があります。「深刻な人手不足を、なんとか解決しなければならない」という壁に直面しているいま、その壁を乗り越えるために、日本人の底力が発揮されることでしょう。

そして、AIの徹底活用とともに、人手不足解消のために力を入れるべきもう一つの課題が、一度現役を引退したシニア世代の再雇用です。

なにしろ、「団塊の世代」だけで約七〇〇万人もいるのです。その半数が「人手」となって働いてくれたら、それだけで人手不足が解消されてしまうほどの潜在力があります。「団塊の世代」はすでに七十代ですが、いまどきの七十代には元気な人も多いので、職場によっては即戦力として活躍できる人がたくさんいるはずです。

「人生一〇〇年時代」といわれるいま、六十〜六十五歳という一般的な定年年齢は、若すぎます。六十五歳以上のシニア世代に働いてもらうことこそ、人手不足解消のために急務だと思います。

そのための方策として、私は次項で説明する「年齢差別禁止法」の実現を提案したいのです。

## 「年齢差別」を法律で禁止しよう

「人生一〇〇年時代」の到来をふまえ、シニア世代が働きやすい環境を整備することは、日本社会にとって非常に大切です。そして、その環境整備のためにいま何よりもなすべきことは、日本社会に蔓延《まんえん》する「年齢差別」をなくすための政策です。

「年齢差別」という言葉は、日本のみなさんにとっては耳慣れないかもしれません。女性差別や人種差別、障がい者差別が悪いことであるのは、もはやいうまでもないですね。でも、人を年齢によって差別するのが悪いことであるのは、日本ではまだあまり意識されていないのではないでしょうか。なにしろ、労働市場においても年齢差別が公然とまかり通っているのですから……。

一昔前まで、企業が社員を募集する際、「〇〇歳以下」と年齢に条件をつけることは、あたりまえに行われていました。しかし、二〇〇七年に「雇用対策法」が改正され、年齢制限の禁止が義務化されました。

とはいえ、それは募集の際の年齢制限が撤廃《てっぱい》されただけで、実際には年齢による選別がまだ行われているのです。たとえば、大学などの新卒者に限定しての採用は、実質的には年齢による選別にほかなりません。

広く門戸が開かれるべき事柄について、「自分では変えようがないこと」を理由に門戸を閉ざされることは、明確な差別です。ある人が女性であること、身体障がい者であること、日本人であることなどは、「自分では変えようがないこと」であり、それを理由に選挙で投票できなかったり、学校に入れなかったりすることは、差別以外の何物でもありません。

だからこそ、過去に多くの女性たちが、参政権獲得を目指して命がけで闘ってきたのです。だからこそ、二〇一八年に明らかになった東京医科大学の入試合否判定における女子学生差別は、大問題になったのです。

一定の年齢を採用条件にすることは、それと同じくらい明確な差別です。能力が足りないことが理由ではなく、変えようがない年齢を理由に門戸を閉ざすことなのですから……。にもかかわらず、いまはまだ日本人の多くが、年齢差別の重大さに気づいていません。社会に年齢差別が蔓延しているため、それが差別であると意識されにくいからでしょう。

企業がある職種で人材を募集するとき、最も重視されるべきなのは、その職種にふさわしい能力と職務経験があるか否かでしょう。ところが日本では、職務経験よりも年齢のほうが重視されているのです。これはおかしいと思います。

よく知られた話ですが、アメリカでは履歴書に年齢は書きません。また、企業の募集広告で年齢を採用条件にすることもありません。年齢による雇用差別が、法律で厳しく禁じられているからです。

アメリカは、世界に先駆けて年齢差別を法的に禁じた国です。その法律――「雇用における年齢差別禁止法（The Age Discrimination in Employment Act of 1967）」が制定されたのは、なんといまから半世紀以上も前の一九六七年のことです。

この法律によって、アメリカでは採用・賃金・解雇・労働条件など、雇用のあらゆる場面における年齢差別（とくに、四十歳以上の人々に対する差別）が禁じられています。採用面接で年齢を聞くことすら違法とされる可能性があるため、年齢を聞かれることはありません。だから履歴書にも年齢は書かないのです。

アメリカのみならず、多くの先進国には「年齢による雇用差別」を禁ずる法律がありま す。

たとえば、ＥＵ（欧州連合）では二〇〇〇年に「雇用均等指令」が採択され、加盟国には年齢による雇用差別を撤廃することが義務付けられました。そのことをふまえ、ヨーロッパ各国では二〇〇〇年代の初頭に相次いで年齢差別を禁ずる法律が制定されました。また、カナダではすでに一九七〇年代に、全州で年齢差別禁止法が制定されています。

日本にも、早急に同様の法律をつくるべきだと思います。雇用対策法改正で募集の年齢制限が撤廃されたことは大きな前進ですが、それだけではまったく不十分です。

職場における男女の差別を禁止する「男女雇用機会均等法」が日本で施行されたのは、一九八六年のことでした。それから三三年がすぎ、「仕事で女性差別をしてはいけない」という意識は、日本社会にすっかり定着しました（まだ差別の残滓《ざんし》はありますが）。そろそろ年齢差別を禁ずる法律がつくられないと、日本は時代遅れの年齢差別が蔓延した〝文化後進国〟と見なされてしまいます。

アメリカでは「年齢差別は悪いことだ」という意識がもうすっかり定着しているので、「あなたいま何歳？」などと日常会話で聞くことはほとんどありません。私はアメリカにたくさんの友人がいますが、その中には「相手が何歳なのか、いまだに知らない」という人も多いのです。相手も私の年齢のことは聞きません。それでいいのです。人を年齢によって判断すべきではないのです。

それにひきかえ、日本では相手の年齢を知ることからつきあいが始まるようなところが、いまだにあります。

大手新聞などの報道メディアからして、「アグネス・チャン（64）」などと、人名の下に年齢を入れて報じることがあたりまえの状態です。これは、先進国のメディアとしてはかなり異様なことです。海外メディアなら「プライバシーの侵害」ととらえられることが、普通のこととしていまだにまかり通っているのですから……。

私がユニセフのミッションでアフリカなどの開発途上国に赴《おもむ》くとき、大手新聞社の記者が同行することはよくあります。彼らは現地で取材する際、あたりまえのように相手の年齢を聞きます。「お母さん、いくつですか?」「この子は何歳ですか?」と……。

記者たちにとっては、年齢も新聞記事を構成する基本要素の一つであり、まずそこから聞くことが、習慣として身についてしまっているのでしょう。でも、それはいまや、海外では非常識と見なされるのです。

じっさい、現地の人の中にも、新聞記者に年齢を聞かれて嫌な顔をする人は少なくありません。「どうしてあなたに私の年齢を言わないといけないの? 私、言いたくありません」とはっきり言う人もいます。

それくらい、〝日本の常識は世界の非常識〟になってしまっているのが、年齢差別に対する意識の遅れなのです。

そもそも、仕事の現場における年齢差別は、とても滑稽《こっけい》で理不尽なことでもあります。ある六十四歳の人が持っている仕事の能力が、六十五歳になったとたんに消えてしまうことは、普通あり得ません。にもかかわらず、定年に達したというだけの理由で職場から去ることを強《し》いられたり、雇用を続けるにしても大幅に給与を下げられたりするのです。それは、当人にとって損失であるだけでなく、職場にとっても損失でしょう。

　仕事の能力は基本的に、年齢によって左右されるものではないはずです。二十代でも元気がなくて仕事ができない人もいれば、七十代でも元気いっぱいで能力も高い人もいます。要は、年齢による差ではなく、あくまでも「個人差」でしかないのです。

　そんなことはあたりまえであるはずなのに、日本の企業の多くはいまだ一律に若者を優遇し、高齢者を冷遇しています。その人の能力よりも年齢を重視して雇用しているわけです。これはもう時代遅れのやり方です。これからは定年などにこだわらず、能力を最重視して人を雇用すべき時代なのです。

「ある仕事を長年にわたって続け、定年退職したけれども、まだまだ元気だ」という人こそ、これからの仕事においては重んじられ、高い給与を支払われてしかるべきでしょう。

「人生一〇〇年時代」は、そのような雇用のあり方があたりまえになっていく時代です。また、人手不足が深刻で高齢社会である日本こそ、ほかのどの国にも増して、そのような雇用のあり方に大きくシフトすべきなのです。

日本人は総じて真面目で、法令遵守《じゅんしゅ》意識が非常に高い民族です。「法律で決まった以上、従うしかない」と考える人が大多数なのです。だからこそ、日本社会を大きく変えるためには、「まず法律から変える」というアプローチが有効です。日本に蔓延する年齢差別を払拭《ふっしょく》するためにも、それを禁ずる法律を制定すべきなのです。

そして、そのような法律がもしできたなら、それは何より女性たちにとって大きな恩恵になるはずです。日本の年齢差別は、男性よりも女性たちにとっていっそう深刻であるからです。

## 「働き方改革」は意識改革とセットで

この五年間で日本社会に起きた大きな変化として、もう一つ、国を挙げて「働き方改革」が推進されてきたことがあります。二〇一九年四月から、「働き方改革関連法」も順次施行されています。

「時間外労働の上限規制」などが盛り込まれた一連の改革が、大手広告代理店・電通の女性新入社員・高橋まつりさんの過労自殺（二〇一五年十二月）を大きなきっかけとして始まったことに、胸が痛みます。

残業をたくさんして、残業手当によって生活がなんとか成り立っていた人も多いと思います。そうした人たちの中には、働き方改革によって残業が減ることで収入も減り、会社が終わったあとに別のパートタイムワークをするなどして、減った収入を補っている人も多いと聞きます。

でも、そうしたケースも含めて、私は働き方改革で残業が減ったことはよい変化だと思っています。

減った残業代を穴埋めするために副業をするのは大変かもしれませんが、少し前まで日本の企業には「副業禁止」のケースが多かったことを思えば、副業自由の企業が増えたこと自体も大きな前進です。

それは企業側からすれば、「減った残業代の分、副業で稼いでもらうしかないから」という苦肉の策かもしれませんが、一つの企業に人材が囲い込まれる時代が終わり、人材流動性が高まるこれからの時代に見合った変化なのです。

私は自らが所属する芸能事務所の経営者でもありますが、一経営者としての視点から見ても、「働き方改革」で残業が減ったり、休日が増えたりすることは歓迎できます。というのも、これまでの日本の会社員には「残業すること自体が偉い」というような倒錯《とうさく》した感覚があったように思うからです。

本来、残業とは、規定の就業時間内に終わらせることができなかった仕事をするために行うものです。やるべき仕事・与えられた仕事を、就業時間内にきちんと終わらせる人こそ誉められてしかるべきなのです。にもかかわらず日本では、残業すること自体が目的化してしまっていたところがあります。

また、「上司が残業しているのに、部下の自分が先に帰ることははばかられる」というような感覚で、仕事をダラダラと無理やり引き延ばして残業する本末転倒が、普通になってしまっていました。働き方改革は、その転倒を正し、本来あるべき姿に戻すものなのです。

したがって、働き方改革に必要なのは、「残業すること自体が偉い」とか、「自分の仕事は終わったけど、上司が帰らないから私も帰れない」などという、時代遅れの感覚を払拭する「意識改革」です。その意識改革とセットで行われてこそ、働き方改革は実のあるものとなるのだと思います。

そして、働き方改革の動きが一人の女性の尊い命の犠牲を契機に起きたこともあり、全体としては女性の幸せに寄与する改革になっていると、私は思います。

たとえば、働き方改革によって、「がんばって就業時間内に仕事を終わらせれば、定時で帰りやすい状況」が生まれました。これは明らかに、女性の幸せにとって追い風です。仕事をがんばればがんばるほど、愛する家族、わが子と過ごせる時間が増やせるということにほかならないのですから……。

## 男性の育児休業を「義務化」しよう

前項の働き方改革に関連した話ですが、この五年間の社会の変化として、男性の育児休業に対する風当たりが少しずつ弱まってきている、ということがあります。

厚生労働省は二〇一〇年六月の「父の日」から、男性の子育て参加や育児休業取得の促進などを目的とした「イクメンプロジェクト」を始めました。たしかに、近年は少しずつ、「イクメン」——子育て参加意識を持ったお父さん——が増えているような気がします。

ただし、「イクメンプロジェクト」がスタートしてからもう一〇年近くが経つわけで、そのわりにはあまりにも変化が遅すぎると感じます。

たとえば、男性の育児休業取得率は、まだ全体の五・一四％でしかありません（厚生労働省「平成二十九年度　雇用均等基本調査」）。

また、三歳未満の子どもを持つ二十〜四十代の男性正社員のうち、「育児休業を利用したかったが、利用できなかった」人の割合は、三割にも上っています。その理由として、「仕事が忙しく、職場の人手も不足していたので、育児休業を取得しづらかった」などが挙げられています（三菱ＵＦＪリサーチ＆コンサルティング「平成二十九年度　仕事と育児の両立に関する実態把握のための調査」）。

男性が育児休業を取る制度はすでに整っているものの、実際にはそれがほとんど「絵に描いた餅」になっていて、多くの人にとっては利用しづらい状況があるのです。

そうした利用しづらさを払拭するパワーとなるものとして、著名人や社会的有力者の男性が育休を取り、社会のムードを変えていくことが挙げられるでしょう。

その意味で、私は先ごろフリーアナウンサーの滝川クリステルさんと「できちゃった結婚」をした衆議院議員の小泉進次郎さんに、ぜひ育休を取ってもらいたいと願っていました。「将来の総理候補」と目され、国民的人気を誇る彼が育休を取れば、その影響力は絶大でしょう。しかし、小泉さんは結婚後すぐに環境大臣に任命されたこともあり、残念ながら実現は難しそうです。

企業経営者の中では、グループウェア・メーカー「サイボウズ」の創業者で現社長の青野慶久さんが、同社の育児休暇制度を自ら三回も取得した（青野さんは三児の父）ことが、大きな話題となりました。

東証一部上場企業の男性社長としてはきわめて異例であり、サイボウズではそれ以降、男性社員が育児休業を取得する事例が増えたそうです。「社長が取っているのだから、自分たちも取っていいんだ」と、いわば〝社長のお墨付き〟を得たような気持ちになり、育休を取りやすくなったのでしょう。

サイボウズは、世に先駆けて働き方改革に取り組み、成功させた企業としても知られています。同社が導入した「最長六年の育児・介護休暇制度」も、その改革の一つでした。青野さんは、自らが創設したその制度を、ご自身が先んじて利用して、社員や社会に範を示したのです。その率先垂範《そっせんすいはん》の姿勢は素晴らしいですし、同じように育休を取る男性経営者がどんどん続いてほしいと思います。

ただ、男性の育児休業取得率がまだ五％程度でしかないことを見ても、現状、サイボウズのような例はごく少数の特殊なケースでしかありません。

では、今後男性の育休取得率を一気に上げるためには、どうすればいいでしょう？　私はそのための方策として、男性の育児休業を「義務化」することを提案したいと思います。たとえば、共働きの夫婦が育児休業を取る場合、そのうちの半分は夫の側が取ることを法律で義務付けるのです。

同じ企業で働く夫婦が育休を取る場合、その企業の育児休業制度が最長二年だったとしたら、妻が一年、夫が一年と、半分ずつ取得することを義務化するのです。

それくらい抜本的な改革をしないかぎり、男性の育休取得率は遅々として増えないと思います。それでこそ男女平等であるし、そこまでやってこそ国を挙げての「イクメンプロジェクト」と言えるのではないでしょうか。

夫婦が平等に育休を取ることが義務化されれば、そのことによって家庭内の力関係にもよい変化が生まれるはずです。なにしろ、夫側が育児休業をしている間、妻は外で働いているのですから……。昭和の日本人男性が夫婦ゲンカの際によく口にした、「誰に食わせてもらっていると思っているんだ⁉」などという暴言は、心理的にもう吐けなくなるでしょう。

また、男性たちは、自分がもうすぐ育休を取らなければならないとなったら、必死で育児について学ぶはずです。そして、妻に育児のあれこれを教えてもらう立場になるでしょう。そのこと自体が、夫婦にとって実りあるコミュニケーションになるはずです。

さらに、育休を半分ずつ分け合うことによって、女性の側が職場復帰した際の仕事能力を保ちやすくなるメリットもあります。

というのも、たとえば女性の側だけが二年間育休を取ったとしたら、職種によってはその二年間のブランクが大きなハンディになりかねないからです。それに対して、妻と夫が一年ずつ育休を取る形にすれば、女性のブランクも一年で済むことになり、職場復帰がよりスムースにできるはずです。

そのように、男性の育児休業を「義務化」することには、大きなメリットがいくつもあります。「いい事ずくめ」と言ってもよいでしょう。

安倍政権は「女性が輝く社会」を標榜《ひょうぼう》する以上、ぜひとも義務化を真剣に検討してほしいと思います。

## 「教育無償化」は日本の未来への投資

安倍晋三総理は、二〇一九年の年頭記者会見の中で、次のように述べました。

「本年十月から幼児教育を無償化いたします。戦後、小学校・中学校九年間の普通教育が無償化されて以来、七〇年ぶりの大改革です」

この言葉どおり、同年十月から幼児教育の無償化が本格的にスタートしました。具体的には、幼稚園・保育所について、すべての三～五歳児（就学前三年間）と、住民税非課税世帯の〇～二歳児の利用料が無料になるというものです。

そして、この幼児教育無償化は、政権が掲げる「三つの教育無償化」の一角となります。ほかには、二〇二〇年四月に、「私立高校の授業料の実質無償化」と「高等教育の無償化」（大学生などへの「給付型奨学金」と「授業料減免」を、対象者・金額ともに大幅拡充して実施）がスタートすることになっています。

これらは、自民党と連立政権を組んでいる公明党が主導して実現したものだそうです。

公明党は、草創期に実現した「義務教育における教科書無償配布」をはじめとして、一貫して「すべての人に教育の光を」という理想に向けて尽力してきた政党です。今回の「三つの教育無償化」も、公明党らしい成果と言えるでしょう。

私はこの本の中で、「日本の未来のためには少子化対策こそ急務」とくり返し訴えていますが、「三つの教育無償化」にも少子化対策としての側面があります。

というのも、二十〜三十代の男女を対象にした内閣府の調査によれば、「どのようなことがあれば、あなたは（もっと）子供が欲しいと思うと思いますか」との問いに対し、「将来の教育費に対する補助」と「幼稚園・保育所などの費用の補助」との回答が一、二位を占めていたからです。

とくに、いま日本は約七人に一人の子どもが貧困状態にあるほど、若い世代の経済状況が逼迫《ひっぱく》しています。教育費負担は、貧困家庭にとってはとても重荷なのです。日本は諸外国と比べても親の教育費負担が大きい国であり、その負担を国が軽減することは、少子化対策に直結しています。

もちろん、財源の問題がありますから、給付型奨学金などはある程度限定された枠からスタートするようです。そうであっても、安倍総理が「七〇年ぶりの大改革」と言うように、歴史的転換点と言ってもよい大きな一歩だと思います。そして、今後は「日本では幼児教育から大学まで、教育にお金はいらない。だから、安心して子どもを産んでください」と言える完全無償化に向け、進んでいってほしいです。

＊

少子化対策うんぬんとは別に考えても、「三つの教育無償化」は私にとって、「待ってました！」と快哉《かいさい》を叫びたいような政策です。

私は、「教育は親が子どもにあげられる最高の贈り物」だと考えています。だからこそ、三人の息子たちに対しても、教育については何よりも重視して歩んできました。

私が子どもに対する教育を大切に考える母親になったのは、私の両親の考え方の反映です。

前章にも書いたとおり、私の家は貧しく、生活は苦しかったのですが、そんな中でも両親は必死に働いて、私たち六人兄弟姉妹を学校に通わせてくれました。教育については惜しまない両親だったのです。

父は、口癖のようにこう言っていました。

「お金や名声は流れもの。何かあったらすぐに奪われる。でも、一度頭の中に入った知識は、誰にも奪うことはできない。一生の宝になる。だから勉強できるときは、ありがたく勉強しなさい」

　私が一度アイドルの仕事を辞めてカナダに留学したのも、その後に子育てしながらスタンフォード大学に留学して博士号までとったのも、両親のそんな教えが体にしみついていたからです。「教育こそ一生の宝」になるのだ、と……。

　そして、父の言ったとおりでした。「勉強できるときにありがたく勉強」したからこそ、私の人生はそのことによって大きく開けたのです。

　教育は人生を切りひらく力になり、翼になります。私はそんな信念を持っているからこそ、「三つの教育無償化」に大賛成です。それは日本の巨額の税金を、子どもたちの教育のために費やそうという、国を挙げての一大方向転換です。子どもたちは未来の担い手ですから、教育無償化は「未来に対する投資」といえます。

　国による教育費負担を「未来への投資」ととらえる視点は、貧困問題の専門家の多くにも共通しています。たとえば、前にも引用した首都大学東京教授の阿部彩さんは、著書『子どもの貧困Ⅱ――解決策を考える』（岩波新書）の中で、次のように述べています。

「子どもの貧困に対する政策は、短期的には社会への見返りはないかもしれない。しかし、長期的にみれば、これらの政策は、その恩恵を受けた子どもの所得が上がり、税金や社会保険料を支払い、GDPに貢献するようになるので、ペイするのである。すなわち、子どもの貧困対策は『投資』なのである。子どもが成人するまでに、長くは二〇年かかるので、この『投資』は長期的な観点でみなければならない。しかし、『費用』ではなく『投資』と考えることによって、政策の優先順位も変わってくるであろう。たとえば、貧困の子どもに、ただ単に最低限の『衣食住』だけを提供するプログラムと、その子どもに『衣食住プラス教育』を提供するプログラムがあった場合、たとえ後者のほうが費用が高いとしても、投資のリターンとしては前者よりも後者のほうが優れているのは自明である」

「子どもの貧困」を放置しておけば、子どもたちが成人後に「貧困の連鎖」が起こり、その人たちの子どもがまた貧困状態に置かれるリスクが高まります。すると、そのことで生活保護家庭が増えるでしょうし、もっと悪い事態を想定するなら、犯罪に走って刑務所に収容されるケースも増えるかもしれません。子どもの貧困の放置は、社会全体のリスクと経済的負担を増大させることになります。

それに対し、いま教育無償化に大きな一歩を踏み出し、「貧しさゆえに十分な教育を受けられない子ども」を大幅に減らせたなら、その子たちが受けた教育が、未来を切りひらく力になります。そのことによって、成人してから「よき納税者」になる人も増えるでしょう。それは「未来の生活保護受給者を、納税者に変える」ことでもあるかもしれません。

まさに、「三つの教育無償化」は「日本の未来への投資」なのです。

## 「義務教育」の期間をもっと延ばそう

「三つの教育無償化」は日本にとって大きな前進ですが、私はさらにその先までも考えたいと思います。それは、義務教育の期間をもっと延ばすということです。

現状、日本の義務教育は小学校六年・中学校三年の九年間です。これをもっと大幅に伸ばし、一四～一五年間を義務教育にできないものかと、私は考えているのです。

五年前に刊行した本書の親本には、『義務教育一三年制』の実現」という項目がありました。でも、その後の五年間で私は、「一三年でもまだ足りない」と考えるようになったのです。

「義務教育一三年制」というのは、アメリカの教育制度をお手本にしたものでした。アメリカでは、（州によって異なりますが）小・中に加えて高校の三年間も義務教育にしたうえで、小学校入学前の一年間の「準備期間」も義務教育になっています。

「小学校入学前の一年間の義務教育化」は、アメリカが国を挙げて行っている、「就学前教育（プレスクール）プログラム」によって始まったものです。「ヘッドスタート」と呼ばれる育児支援施策の一つで、おもに低所得家庭の五歳までの子どもを対象に、基本的な教育を行っています。

なぜアメリカでそのような試みが始まったかといえば、貧困家庭は子どもを幼稚園などに通わせることができず、小学校入学の時点で、幼稚園に通っていた子どもと大きな学力差が生じてしまうためです。

読み書きや基本的な計算などが身についている子どもと、まったく身についていない子ども――。小学一年生のスタート段階で生じた格差により、貧困家庭の子どもはずっとハンディを背負うことになる。それを国として防ごうとした施策が、「就学前教育プログラム」なのです。

アメリカに倣《なら》って、日本でもまず「高校三年間の義務教育化」を実現すべきだと思います。

日本の高校進学率は、いまや九九％近くに上ります（二〇一八年度の数字で九八・八％）。ほぼ全員が高校に進学するのです。そのうえ、二〇二〇年からは「私立高校の授業料の実質無償化」も始まりますから、現在でもほとんど義務教育に近い状態になっているといえます。

でも、「義務教育に近い状態」と、実際に義務教育化することとは、まったく異なる意味を持っています。というのも、ほんとうに生活が苦しい貧困家庭は、たとえ高校が実質的に無償化されたとしても、なお子どもを高校に行かせない場合が多いのです。なぜなら、子どもが中卒で働きに出てくれれば、それだけ稼ぎ手が増えることで家計が楽になるからです。真の貧困家庭の考え方とはそのようなもので、たとえ高校教育が無償化されても、そこからこぼれ落ちてしまう子どもが少なくないのです。

だからこそ、高校まで義務教育化することが必要なのです。そうすれば、法律に反してわが子を高校に行かせない親は罰せられ、場合によっては逮捕されるからです。義務教育化して初めて、「高校に行けない子ども」をなくすことができるのです。

中卒で就職する人たちは、戦後すぐの日本では「金の卵」と呼ばれていました。でも、いまでは中卒の資格だけで就ける仕事はごく限られています。家庭の貧しさによって、子どもたちの将来に大きな影が落ちてしまうのです。

少子化時代なのですから、高校卒業までは完全に義務教育化して、国が子どもの学費の面倒をみるのは当然だと思います。

「三つの教育無償化」を主導して実現した公明党議員のみなさんには、「教育の党」の名にかけて、次はぜひ「高校の義務教育化」を実現してほしいと思います。

もしも高校の義務教育化が成し遂げられたなら、それで日本の義務教育は計一二年間になります。それだけではまだ足りないと、私は考えています。次の段階として、アメリカのように就学前教育の義務教育化がなされるべきです。

アメリカで就学前教育が義務教育化されたのは、裕福な家庭と貧困家庭の間に生まれる子どもの学力格差を防ぐためでした。そのような学力格差は、日本でもすでに生じています。就学前教育の義務教育化は、学力格差を防ぐ大きな力になります。

そして、幼稚園などに通う間は子どもが親の手から離れますから、子育て中の親の負担も大きく軽減することができます。つまり、子どもたちの幸せのためになると同時に、子育て負担を減らすことで少子化対策にもなるのです。

## 「乳幼児期教育」の重要性

前項で私は、「義務教育を一三年に延ばしてもまだ足りない。できれば一四～一五年間を義務教育化すべきだ」と述べました。

そう考えるようになったのは、乳幼児期の教育がいかに重要であるかを、脳科学や教育学、心理学の知見を学ぶことによって知ったからです。つまり、小学校入学前の一年のみならず、幼稚園で行う教育全体を義務教育化すべきだというのが、いまの私の提案なのです。

乳幼児期は、教育にとって最も大切な時期です。「三つ子の魂百まで」と言われるとおり、子どもの脳の発育の八〇％までが、三歳までに完成すると言われています。この時期までに形成された性格や個性は、その後の人生に多大な影響を与えます。多くの心理学者や教育学者も、「乳幼児期の教育への投資が、いちばん実りが大きい」と口を揃えています。

また、脳科学の知見でも、三歳から五歳までは、脳を形成するために最も大切な時期だと考えられています。それは、脳細胞と脳細胞の間をつなぐ「シナプス」と呼ばれる部位が、その時期に最も活発につくられるためです。したがって、その時期にたくさん良質な刺激を脳に受けることによって、脳の健全な発達が促されるのです。

だからこそ、その時期に良質な幼児教育を受けることによって、感情面も、知的能力の面も、対人関係能力も、しっかりとした基礎をつくることができるのです。その基礎がしっかりとできていれば、小・中・高と進んだ先で勉強もうまくいきやすいし、健全な人格形成がなされやすいのです。

逆に、その時期に親からネグレクト（育児放棄）を受けるなどして、十分な刺激が受けられないと、脳の発達にも重大な悪影響が生じてしまいます。児童虐待《ぎゃくたい》が恐ろしいのはそのためでもあるのです。

もちろん、親に十分な時間的余裕と幼児教育についての知見があるなら、幼稚園に通わせなくても、良質な幼児教育を与えることはできるでしょう。でも、多くの人にとってはそうではないので、幼児教育の専門家にまかせるべきです。

だからこそ、幼稚園まで義務教育化すべきだと私は提案しているのです。できることなら幼稚園の課程すべて（就学までの三年間）を義務教育に。それが無理なら、せめて二年間（二年保育）を義務教育に——。そうすることで、日本社会の未来がよい方向に大きく変わるはずです。

幼稚園が義務教育化されたなら、それからわずか数年後には、よい変化がはっきりと表れるはずです。たとえば、いま小学校などで大問題となっている「学級崩壊」が、目に見えて減少する、などという形になって……。

そして、良質な幼児教育を受けたことによる好影響は、その人が成人してからも続きます。たとえば、社会に出てから最も大切な力となる「対人関係を適切に築く能力」は、良質な幼児教育によってその土台が築かれます。

また、「人生のあらゆる成功を決める『究極の能力』」とも言われる「GRIT／グリット」——困難を乗り越えて一つのことを「やり抜く力」（米国の心理学者アンジェラ・ダックワース博士が提唱したもので、博士の著書『やり抜く力　GRIT（グリット）』は日本でもベストセラーになりました）も、その土台は良質な幼児教育で培《つちか》われます。

それればかりではありません。最近の研究では、幼児教育を受けないことが、中高年以降の認知症発症のリスク要因となることがわかっています。つまり、幼児教育を受けた人は、受けなかった人に比べて「認知症になりにくい」のです（英国の世界的医学誌『ランセット』に掲載された論文によります）。幼児期のほんの数年間の教育の有無が、人生の最後まで大きく影響するということですから、怖い話です。

幼児教育は、それほどまでに重要なのです。だからこそ、義務教育化してすべての子どもたちにその恩恵を受けさせたいと、私は考えています。二〇一九年から始まった幼児教育無償化は大きな前進ですが、無償化だけでは「うちの子は受けなくてもいいや」と考えてしまう親がたくさんいるのです。だからこそ、無償化の次に乗り越えるべきハードルは義務教育化なのです。

前にも述べたとおり、日本人は法令遵守意識が非常に高いので、かりに法律で義務教育化が決まったなら、みなさん素直にそれに従って、教育のありようが一気に変わるはずです。

幼児教育の重要性がさまざまな分野の研究で明らかになるにつれ、「未来のために幼児教育に投資しよう」と考える人たちが世界中に増えています。

たとえば、ユニセフ（国際連合児童基金）は先ごろ、「今後ユニセフの教育資金の一〇%を幼児教育に費やす」と宣言しました。

ユニセフが二〇一九年四月に発表した報告書によれば、世界の就学前年齢の子どもの約半数にあたる一億七五〇〇万人以上が就学前教育を受けておらず、人生のスタート時点から深刻な不平等に苦しんでいるとのことです。低所得国における状況はより深刻で、就学前教育を受けている子どもは、わずか五人に一人にすぎません。

ユニセフはそのような状況を打開するため、最も幼児教育がなされていない地域であるアフリカに、集中的に予算を投資しようとしています。

また、アフリカ各国の中で、近年とくに幼児教育に力を入れているのがガーナ共和国です。そのような教育改革にいち早く取り組んだガーナの未来は明るいと、私は感じています。

*

以上のような、義務教育の期間を大幅に延ばすような抜本的な教育制度の改革は、あたりまえですが、実現に大きな困難を伴います。

しかし、日本という国の最大の強みは、優れた人間力です。資源の乏しい日本にとって、人材こそが最大の資源なのです。その人材育成に国が力を注ぐことを、ためらうべきではありません。

## 「子育て本」がベストセラーになって思うこと

この五年間で社会に起きた大きな変化をふまえて本章を綴《つづ》ってきましたが、最後に、私自身に起きた変化について触れましょう。

それは、私の三人の息子たちが全員アメリカのスタンフォード大学に進んだことによって、「アグネスが息子さんをどんなふうに教育したのか、ぜひ知りたい」という声が高まったことです。

その声に応える形で、私は「アグネス流子育て」について書いた著書を、ここ三、四年で何冊も刊行しました。『スタンフォード大に三人の息子を合格させた50の教育法』(朝日新聞出版)、『子育てで絶対やってはいけない35のこと』(三笠書房/金子アーサー和平との共著)、『スタンフォードママ Dr.アグネスの究極の家庭教育メソッド48』(扶桑社)、『未知に勝つ子育て――AI時代への準備』(小学館)などという本がそれです。

また、私は全国各地で講演をする機会が多いのですが、最近よく求められる講演テーマは、乳ガン克服の体験と並んで、教育・子育てについてなのです。

私の子育て関連の著作のうち、いちばん多くの読者を得たのが『スタンフォード大に三人の息子を合格させた50の教育法』で、日本のみならず海外各国でも翻訳刊行されていま す。香港では二〇一六年の年間ベストセラー第一位になり、いまは中国本土や台湾でもよく売れています。さらに、ベトナムやタイでも刊行されました。

三人の息子たちがまっすぐに成長してくれたことによって、私にとっても新しい道がひらかれたのです。

私は教育学博士でもありますから、教育についてもそれなりに専門的知見を持っています。ただ、「自分の子育てがすべて正しい」などと主張するつもりは毛頭ありません。

それでも、三人の息子たちの子育てと教育に、全身全霊で、人生をかけて取り組んできたことだけは、誇りをもって断言できます。

だからこそ、私なりの子育て法を語り、また本に書くことによって、「役に立った」と言ってくれる人や、「子育てで悩んでいたけど、アグネスの本を読んで気が楽になったわ」と言ってくれる人は、確実にいると思うのです。

これからの人生の一つの使命として、子育てをする女性たちにエールを送る思いで、この分野の活動を続けていきたいと思います。

スタンフォードは私自身の母校でもあり、三人の息子たちが揃って同大に進んでくれたことは、私にとってとてもうれしいことでした。

ただし、私にとってそれよりもっとうれしいことがあります。

私のこれまでの人生は、ボランティアと切り離しては考えられません。中学生のときに香港でボランティア活動を始めて以来、ずっと何らかのボランティアに関わってきたのですから……。そして、私にはボランティアを通じて学んだことがたくさんあります。「人生で大切なことはすべてボランティアで学んだ」と言ってもいいくらいです。

そんな私ですから、子育て中にも、ユニセフを通じたボランティア活動などに、何度も息子たちを連れて行きました。自分だけの幸せを追い求めるのではなく、社会に尽くす喜びを知る人間になってほしかったからです。

その甲斐あってか、いまは三人それぞれが、世のため人のために役立つことをするという「利他」の心を、ごく自然な形で豊かに持った青年に育ってくれました。それこそ、私にとっていちばんうれしいことです。私の子育てにうまくいった部分があるとすれば、何よりもまずそのことを挙げたいと思うのです。

# あとがき——女性たちよ、「勇気の一歩」を！

歴史上、女性はつねに弱者として、男性に従属する性として扱われてきました。

でも、女性が男性より「弱き者」であるというイメージは、男性たちによってつくられたイメージであり、大きな間違いだと私は考えています。

女性たちは、じつは強い存在です。

そもそも生命として、女性は男性よりも強くたくましくつくられています。

たとえば、自然な出生性比は、だいたい女子一〇〇人に対して男子一〇五人。

なぜ男性が多いかというと、男性は女性より死ぬ確率が高いためだと言われています。

女性のほうが長寿であることも、女性の生命力の強さの証《あかし》でしょう。とくに妊娠・子育て期間中、女性の体は各種ホルモンによって守られます。そして、女性たちは出産と子育てという経験を経ることによって、いっそう強くたくましくなるのです。

女性は強い――男性たちは、じつはそのことを知っているからこそ、力ずくで女性たちの社会進出を抑え込んできたのでしょう。その「抑え込み」の構造が、人類の長い歴史の中で、ずっと続いてきたのです。

でも、いまはもう、女性たちが自分の「強さ」に目覚めるべきだと思います。もちろん、体力・腕力の面で差はあります。でも、いまは「男性でなければできない仕事」はほとんどない。女性も男性と対等に、社会で勝負できる時代なのです。ただし、私は「女性たちよ、強さに目覚めて、男性たちを支配しよう」と言いたいのではありません。「自分の強さに目覚めて、もっと誇りをもって生きよう」と言いたいのです。

私たち女性は、男性と対立する立場ではありません。むしろ、世の男性たちを優しくいたわり、彼らのプライドをあまり傷つけずに、手をたずさえて「女性にも、男性にも、もっと優しい社会を築いていきましょう」ということです。

政府が「女性が輝く日本」を国の目標として掲げているいまは、女性が本来の強さに目覚め、飛び立つための、千載一遇《せんざいいちぐう》のチャンスです。国が、追い風を送ってくれているのです。

だからこそ、「女性たちよ、勇気の一歩を踏み出して、自分を変えていきましょう」「いまこそ、自由に飛び立ちましょう」と、私は訴えたいのです。

人間は、「変わろう」と本気で決意すれば、一瞬で変われるものです。それが、人間のいちばんのすごさだと私は思っています。

そして、「自分はこうなりたい、こう変わりたい」「社会をこう変えたい」という夢や目標を抱き、それに向かって行動している人が、じつはいちばん幸せなのです。夢や目標は、かなったとき、達成したときに幸せが訪れるのではありません。そこへ向かって歩むプロセス自体が、「幸せそのもの」なのです。

いままでとは違う自分に変わるために、思いきって、最初の一歩を踏み出してください。

その一歩は、何も大げさなことでなくていいのです。ほんの小さなこと――たとえば、ボランティアを始めてみるとか、何かの勉強を始めてみるとか、「子どもを一日三回はぎゅっと抱きしめよう」と決めてみるとか、「困っているお母さんを見たら助けてあげよう」とか――なんでもいいのです。

できることから一歩を踏み出せば、きっと「昨日までとは違う自分」に出合えるはずです。「えっ？　私の中にこんな私が隠れていたんだ」と自分でもビックリするような、新しい自分に……。

日本の女性たち、一人ひとりが「新しい自分」を目指して一歩を踏み出せば、社会全体では、すごく大きな前進になります。社会にプラスの連鎖が生まれてきます。

私もみなさんと一緒に、手をたずさえてその一歩を踏み出し、歩み続けていこうと思っています。

［初出］
二〇一四年に潮出版社から刊行された
『女性にやさしい日本になれたのか』を
再構成し、加筆・修正した。

アグネス・チャン

歌手・エッセイスト・教育学博士。一九五五年香港生まれ。七二年、「ひなげしの花」で日本歌手デビュー。上智大学国際学部を経て、カナダのトロント大学（社会児童心理学）を卒業。八九年、米国スタンフォード大学教育学部博士課程に留学。九四年、同大で教育学博士号（Ph.D）取得。九八年、日本ユニセフ協会大使に就任。二〇一六年、ユニセフアジア親善大使に。ペスタロッチー教育賞、日本レコード大賞特別賞などを受賞。二〇一八年、旭日小綬章受章。現在は芸能活動のみならず、文化人として世界を舞台に幅広く活躍。日本対がん協会「ほほえみ大使」。歌手としてのアルバム多数。著書多数。近著に、『未知に勝つ子育て――AI時代への準備』（小学館）、『スタンフォード大に三人の息子を合格させた50の教育法』（朝日新聞出版）などがある。

潮新書 032

# 終わらない「アグネス論争」
## 三人の息子をスタンフォード大に入れて思うこと

2020年 1月20日 初版発行

著 者｜ アグネス・チャン
発行者｜ 南 晋三
発行所｜ 株式会社潮出版社
〒102-8110
東京都千代田区一番町6 一番町SQUARE
電話 ■ 03-3230-0781（編集）
■ 03-3230-0741（営業）
振替口座 ■ 00150-5-61090

印刷・製本｜ 株式会社暁印刷
ブックデザイン｜ Malpu Design
編集協力｜ 前原政之
オビ写真｜ 後藤さくら


ISBN978-4-267-02237-1

潮新書　好評既刊

羽根田ヨシさんの震災・原発・ほめ日記
馬場マコト
80歳で被災し、過酷な日々を過ごしながらも、原発事故でさえ感謝するヨシさんの強さの秘密は、日記の最後に一言だけ自分をほめる「ほめ日記」との出会いだった。

令《うるわ》しく平和に生きるために
中西 進
新元号「令和」の考案者とされる著者が贈る随筆集。日本を代表する国文学者は、何を聴き、何を願っているのか。令しく平和に生きるための想いを書き綴る。

きれいの手口
——秋田美人と京美人の「美薬」
内館牧子
読むだけで確実に「美の質」が上がる、極上のメソッド。「秋田美人の雪肌」や「京美人の立ち居ふるまい」を持っていなくても、誰もが十分に「きれい」になれる！

こころの声を「聴く力」
山根基世
番組ナレーションでおなじみの元NHKアナウンス室長が、数々の著名人へのインタビュー体験から得た、人を引き寄せ、自分を引き出す「聴く」極意を伝授！

世界の名画との語らい
聖教新聞外信部
世界各国の一流美術館が誇る名画の数々をオールカラーで一挙に紹介！「アートは、癒やしの力、励ましの力をたくさん持っています」小説家・原田マハ（第4部より）